Table of Content

Supplier Contract List 3

Expense Log 5

Revenue Log 8

Hive Log 11

Hive Name/Number: 12
Hive Name/Number: 20
Hive Name/Number: 28
Hive Name/Number: 36
Hive Name/Number: 44
Hive Name/Number: 52
Hive Name/Number: 60
Hive Name/Number: 68
Hive Name/Number: 76
Hive Name/Number: 84
Hive Name/Number: 92
Hive Name/Number: 100
Hive Name/Number: 108
Hive Name/Number: 116
Hive Name/Number: 124

Hive Name/Number: 132

Hive Name/Number: 140

Hive Name/Number: 148

Hive Name/Number: 156

Hive Name/Number: 164

Supplier Contract List

Company name:
Website:
Tel:
Contact Person:
Address:
Products:

Company name:
Website:
Tel:
Contact Person:
Address:
Products:

Company name:
Website:
Tel:
Contact Person:
Address:
Products:

Supplier Contract List

Website:
Tel:
Contact Person:
Address:
Products:

Company name:
Website:
Tel:
Contact Person:
Address:
Products:

Company name:
Website:
Tel:
Contact Person:
Address:
Products:

Expense Log

The expense log helps to keep track of expenses associated with beekeeping. Include costs for the initial upfront costs like equipment. You may wish to include the brand or company name from which you made the purchase for future reference.

One-time expenses such as equipment may be included upfront instead of an annual operating cost. You may wish to calculate the cost by dividing the price by its expected lifespan.

Example:
Purchase price of hive: $150
Lifespan: 10 years
$150/20 years = $15 per year. You will not need to include the cost of the hive after 10 years, even if it exceeds its expected lifespan.

Expenses

Date	Item	Unit Price	Total

Expenses

Date	Item	Unit Price	Total

Revenue Log

The revenue log helps to keep track of value that your beekeeping produces. While you can also use this log to keep track of actual revenue generated from selling your honey/wax etc. and in special cases, pollenating services. In general, this list is used to estimate the cost of the honey that you would otherwise normally buy.

To figure out how much your cheese generates, you may refer to the current retail prices of similar produce sold at local stores or farmers' markets.

Total Revenue - Total Expense = Return on Investment

Revenue

Date	Item	Unit Price	Total

Revenue

Date	Item	Unit Price	Total

Hive Log

When you're busy with smokers, hives and trying not to get stung, it can get hard to think about writing everything down. Unfortunately, you inadvertently get all your "mental notes" in a big mess.

Important things to note include:

- Brood pattern. A spotty brood indicates a poor queen.

- General bee population. This should expand as expected.

- Presence of a queen. You should either see the queen, or see 1 to 3-day old eggs in the bottom of cells.

- Too much bullet/drone brood. This may indicate that the queen is gone and has been replaced by a laying worker.

- Disease. Look out for any foul smells, infestations, mass deaths or any other observable problem.

Hive Name/Number:

Frame Count: **Date:**

GPS Lat: **Long:**

Hive Type: *8 frame/ Langstroth (10 frame)/ Nucleus Colony/ Top Bar*

Bee Source: *Acquired/Cut Out/Nuc/Package/ Split/ Superceeded/ Swarm/ Trap Out*

Sun Exposure: *Partial Shade/ Shade/ Sunny/ Unknown*

Queen Name/Number:
Date Installed: **Queen Accepted:** Y/N
Marked: Y/N   **Clipped:** Y/N

Breed: *Adami/Africanized/Apis mellifera mellifera/ Buckfast/ Buckfast hybrid/ Capensis/ Carniolan/ Caucasian/ Caucasian hybrid/ Cecropia/ Cordovan/ Feral/ German Black/ Italian/ Italian hybrid/ Local/ Macedonia/ Midnight/ Minnesota Hygienic/ New Minnesota Hygenics/ New World Carniolan/ New World Carniolan hybrid/ Russian/ Russian hybrid/ Scutellata/ SMR/ Starline/ Sunkist/ Unknown/ Varroa Sensitive Hygienic (VSH)/ Yugo*

Description:

Hive State: *Active/ Combined with Other Hive/ Dead (Bear)/ Dead (CCD)/ Dead (Cold)/ Dead (Laying Workers)/ Dead (Lost Queen)/ Dead (Mites)*

Hive Strength: *Very Strong/ Strong/ Moderate/ Weak/ Very Weak*

Description:

Event Date:
Event Type: *Dead (Bear)/ Dead (CCD)/ Dead (Cold)/ Dead (Laying Workers)/ Dead (Lost Queen)/ Dead (Mites)/ Dead (Nosema)/ Dead (Other)/ Dead (Pesticides)/ Dead (Poor Wintering Conditions)/ Dead (Robbing)/ Dead (Skunk)/ Dead (Small Hive Beetle)/ Dead (Starvation)/ Dead (Unknown)/ Dead (Weak in Fall)/ Feed/ Harvest/ Medicate/ Other/ Requeen/ Swarm/ Winterize*

Harvest: **Date:**
Product: *Extracted Honey/ Honey Rounds/ Pollen/ Propolis/ Wax*
Quantity: **Units of Measure:**
Description:

Inspections

Hive: **Date:**

Sighted: *Queen/ Eggs/ Capped Brood/ Uncapped*
Temper: *Calm/ Nervous/ Angry*   **Strength:**   %
Weight: **Frames of Bees:**
Supers in Place: **Supers Added:**
Nectar Flow: Y/N   **Hive Split:** Y/N

Hive Condition

Population: *Heavy/ Moderate/ Low*
Pollen: *High/ Average/ Low*
Honey Stores: *High/Average/ Low*
Queen Cells: *Yes/No*
Laying Pattern: *Excellent/ Fair/ Poor (Spotty)*
Pattern Odor: *Normal/ Foul/ Fermented*
Equipment Condition: *Good/ Fair/ Poor/ Damaged*
Hive Condition: *Brace Comb/ Excessive Propolis/ Dead Bees/ Moisture/ Mold*
Foundation Type: *Wired Wax/ Plastic Frames/ Drone Cell/Plasticell/ Natural*

Notes:

Weather

Conditions: *Clear/ Cloudy/ Drizzle/ Fair/ Fog/ Haze/ Icy/ Light Rain/ Mostly Cloudy/ Overcast/ Partly Cloudy/ Partly Rain/ Snow Showers/ Sunny/ Thunderstorms/ Windy*

Temperature: **Humidity:** %
Wind Speed: mph   **Wind Direction:**
Pressure: *rising/ falling/ steady*

Notes:

Diseases

American Foulbrood/ Chalkbrood/ European Foulbrood/ Nosema/ Tracheal Mites/ Small Hive Beetle (Light/Moderate/ Heavy) / Varroa Mites (Light/Moderate/Heavy)

Notes:

Treatments

Api-Life VAR/ Apistan/ CheckMite+/ Formic Acid/ Fumagilin-B/ Guard Star/ Hivastan/ MAQS/ Mite-A-Thol/ Terra-Pro/ Terramycin/ Tylan/ Small Hive Beetle Traps

Coumaphos Strips/ Soil Drench/ Powder Sugar Roll/ Drone Brood Removal/ Small Cell Comb/ Brood Comb Replacement/ Apivar/ Acetic Acid/ Hop Guard/ Apiguard/ Oxalic Acid

Other Comments:

Feedings

Api Go/ Ener-G-Plus/ Fresh Pollen/ HFCS-55/ Honey B Healthy/ MegaBee/ Mixed Sugar/ Vita Feed GOLD/ Vita Feed GREEN/ Pollen Patty/ Ultra Bee/ Feed Bee

Other Comments:

To-Do Items

Regular inspection date:
Inspect for weakness date:
Check queen laying pattern date:
Check queen cells date:
Check medications date:
Check feed date:

Regular inspection date:
Inspect for weakness date:
Check queen laying pattern date:
Check queen cells date:
Check medications date:
Check feed date:

Regular inspection date:
Inspect for weakness date:
Check queen laying pattern date:
Check queen cells date:
Check medications date:
Check feed date:

Regular inspection date:
Inspect for weakness date:
Check queen laying pattern date:
Check queen cells date:
Check medications date:
Check feed date:

Mark location of vital Queen Cells. Indicate areas filled by bees, nectar, honey and pollen.

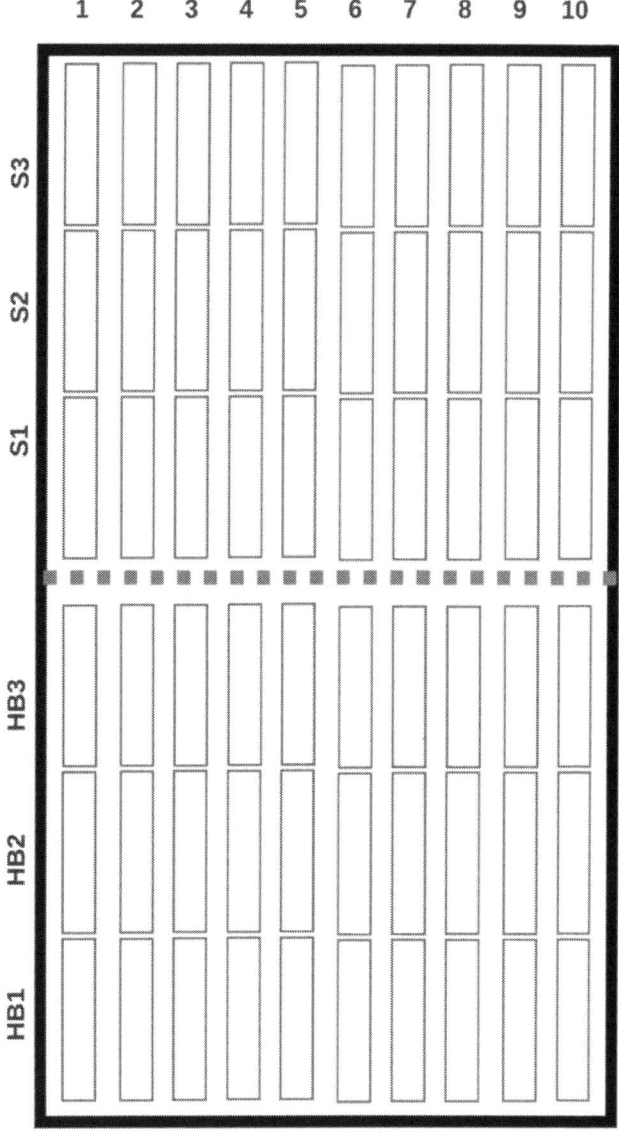

Other Notes:

Hive Name/Number:

Frame Count: **Date:**

GPS Lat: **Long:**

Hive Type: *8 frame/ Langstroth (10 frame)/ Nucleus Colony/ Top Bar*

Bee Source: *Acquired/Cut Out/Nuc/Package/ Split/ Superceeded/ Swarm/ Trap Out*

Sun Exposure: *Partial Shade/ Shade/ Sunny/ Unknown*

Queen Name/Number:
Date Installed: **Queen Accepted:** Y/N
Marked: Y/N   **Clipped:** Y/N

Breed: *Adami/Africanized/Apis mellifera mellifera/ Buckfast/ Buckfast hybrid/ Capensis/ Carniolan/ Caucasian/ Caucasian hybrid/ Cecropia/ Cordovan/ Feral/ German Black/ Italian/ Italian hybrid/ Local/ Macedonia/ Midnight/ Minnesota Hygienic/ New Minnesota Hygenics/ New World Carniolan/ New World Carniolan hybrid/ Russian/ Russian hybrid/ Scutellata/ SMR/ Starline/ Sunkist/ Unknown/ Varroa Sensitive Hygienic (VSH)/ Yugo*

Description:

Hive State: *Active/ Combined with Other Hive/ Dead (Bear)/ Dead (CCD)/ Dead (Cold)/ Dead (Laying Workers)/ Dead (Lost Queen)/ Dead (Mites)*

Hive Strength: *Very Strong/ Strong/ Moderate/ Weak/ Very Weak*

Description:

Event Date:
Event Type: *Dead (Bear)/ Dead (CCD)/ Dead (Cold)/ Dead (Laying Workers)/ Dead (Lost Queen)/ Dead (Mites)/ Dead (Nosema)/ Dead (Other)/ Dead (Pesticides)/ Dead (Poor Wintering Conditions)/ Dead (Robbing)/ Dead (Skunk)/ Dead (Small Hive Beetle)/ Dead (Starvation)/ Dead (Unknown)/ Dead (Weak in Fall)/ Feed/ Harvest/ Medicate/ Other/ Requeen/ Swarm/ Winterize*

Harvest: **Date:**
Product: *Extracted Honey/ Honey Rounds/ Pollen/ Propolis/ Wax*
Quantity: **Units of Measure:**
Description:

Inspections

Hive: **Date:**

Sighted: *Queen/ Eggs/ Capped Brood/ Uncapped*
Temper: *Calm/ Nervous/ Angry*   **Strength:**   %
Weight: **Frames of Bees:**
Supers in Place: **Supers Added:**
Nectar Flow: Y/N   **Hive Split:** Y/N

Hive Condition

Population: *Heavy/ Moderate/ Low*
Pollen: *High/ Average/ Low*
Honey Stores: *High/Average/ Low*
Queen Cells: *Yes/No*
Laying Pattern: *Excellent/ Fair/ Poor (Spotty)*
Pattern Odor: *Normal/ Foul/ Fermented*
Equipment Condition: *Good/ Fair/ Poor/ Damaged*
Hive Condition: *Brace Comb/ Excessive Propolis/ Dead Bees/ Moisture/ Mold*
Foundation Type: *Wired Wax/ Plastic Frames/ Drone Cell/Plasticell/ Natural*

Notes:

Weather

Conditions: *Clear/ Cloudy/ Drizzle/ Fair/ Fog/ Haze/ Icy/ Light Rain/ Mostly Cloudy/ Overcast/ Partly Cloudy/ Partly Rain/ Snow Showers/ Sunny/ Thunderstorms/ Windy*

Temperature: **Humidity:**   %
Wind Speed: mph   **Wind Direction:**
Pressure: *rising/ falling/ steady*

Notes:

Diseases

American Foulbrood/ Chalkbrood/ European Foulbrood/ Nosema/ Tracheal Mites/ Small Hive Beetle (Light/Moderate/ Heavy) / Varroa Mites (Light/Moderate/Heavy)

Notes:

Treatments

Api-Life VAR/ Apistan/ CheckMite+/ Formic Acid/ Fumagilin-B/ Guard Star/ Hivastan/ MAQS/ Mite-A-Thol/ Terra-Pro/ Terramycin/ Tylan/ Small Hive Beetle Traps

Coumaphos Strips/ Soil Drench/ Powder Sugar Roll/ Drone Brood Removal/ Small Cell Comb/ Brood Comb Replacement/ Apivar/ Acetic Acid/ Hop Guard/ Apiguard/ Oxalic Acid

Other Comments:

Feedings

Api Go/ Ener-G-Plus/ Fresh Pollen/ HFCS-55/ Honey B Healthy/ MegaBee/ Mixed Sugar/ Vita Feed GOLD/ Vita Feed GREEN/ Pollen Patty/ Ultra Bee/ Feed Bee

Other Comments:

To-Do Items

Regular inspection date:
Inspect for weakness date:
Check queen laying pattern date:
Check queen cells date:
Check medications date:
Check feed date:

Regular inspection date:
Inspect for weakness date:
Check queen laying pattern date:
Check queen cells date:
Check medications date:
Check feed date:

Regular inspection date:
Inspect for weakness date:
Check queen laying pattern date:
Check queen cells date:
Check medications date:
Check feed date:

Regular inspection date:
Inspect for weakness date:
Check queen laying pattern date:
Check queen cells date:
Check medications date:
Check feed date:

Mark location of vital Queen Cells. Indicate areas filled by bees, nectar, honey and pollen.

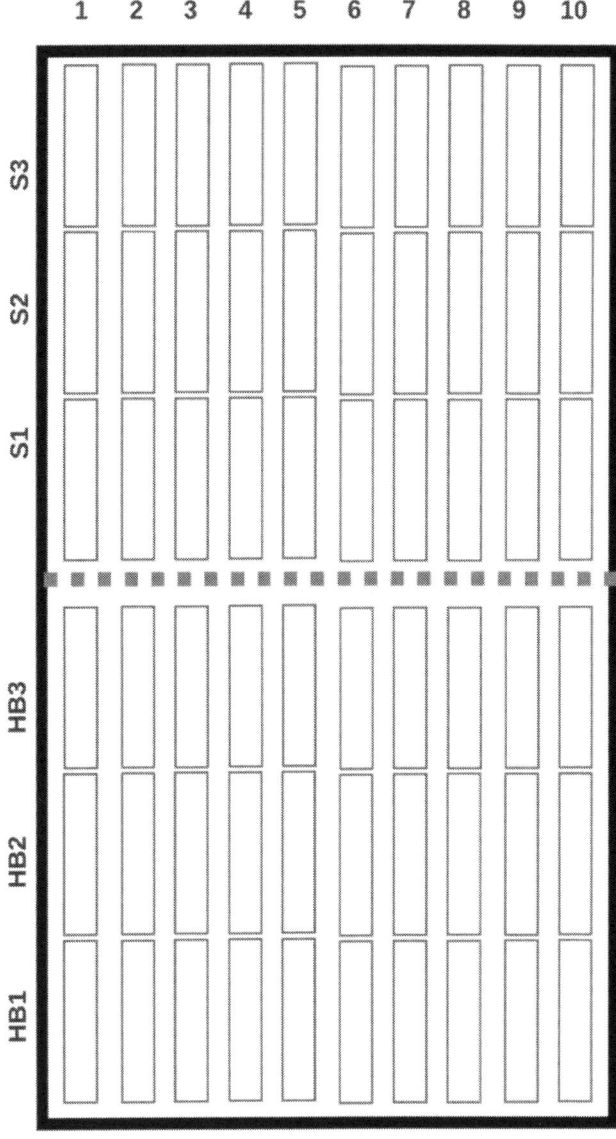

Other Notes:

Hive Name/Number:

Frame Count:　　　　　　　　**Date:**

GPS Lat:　　　　　　　　**Long:**

Hive Type: *8 frame/ Langstroth (10 frame)/ Nucleus Colony/ Top Bar*

Bee Source: *Acquired/ Cut Out/ Nuc/ Package/ Split/ Superceeded/ Swarm/ Trap Out*

Sun Exposure: *Partial Shade/ Shade/ Sunny/ Unknown*

Queen Name/Number:
Date Installed:　　　　　　**Queen Accepted:** Y/N
Marked: Y/N　　　　　　　**Clipped:** Y/N

Breed: *Adami/ Africanized/ Apis mellifera mellifera/ Buckfast/ Buckfast hybrid/ Capensis/ Carniolan/ Caucasian/ Caucasian hybrid/ Cecropia/ Cordovan/ Feral/ German Black/ Italian/ Italian hybrid/ Local/ Macedonia/ Midnight/ Minnesota Hygienic/ New Minnesota Hygenics/ New World Carniolan/ New World Carniolan hybrid/ Russian/ Russian hybrid/ Scutellata/ SMR/ Starline/ Sunkist/ Unknown/ Varroa Sensitive Hygienic (VSH)/ Yugo*

Description:

Hive State: *Active/ Combined with Other Hive/ Dead (Bear)/ Dead (CCD)/ Dead (Cold)/ Dead (Laying Workers)/ Dead (Lost Queen)/ Dead (Mites)*

Hive Strength: *Very Strong/ Strong/ Moderate/ Weak/ Very Weak*

Description:

Event Date:
Event Type: *Dead (Bear)/ Dead (CCD)/ Dead (Cold)/ Dead (Laying Workers)/ Dead (Lost Queen)/ Dead (Mites)/ Dead (Nosema)/ Dead (Other)/ Dead (Pesticides)/ Dead (Poor Wintering Conditions)/ Dead (Robbing)/ Dead (Skunk)/ Dead (Small Hive Beetle)/ Dead (Starvation)/ Dead (Unknown)/ Dead (Weak in Fall)/ Feed/ Harvest/ Medicate/ Other/ Requeen/ Swarm/ Winterize*

Harvest: **Date:**
Product: *Extracted Honey/ Honey Rounds/ Pollen/ Propolis/ Wax*
Quantity: **Units of Measure:**
Description:

Inspections

Hive: **Date:**

Sighted: *Queen/ Eggs/ Capped Brood/ Uncapped*
Temper: *Calm/ Nervous/ Angry*   **Strength:**   %
Weight: **Frames of Bees:**
Supers in Place: **Supers Added:**
Nectar Flow: Y/N   **Hive Split:** Y/N

Hive Condition

Population: *Heavy/ Moderate/ Low*
Pollen: *High/ Average/ Low*
Honey Stores: *High/Average/ Low*
Queen Cells: *Yes/No*
Laying Pattern: *Excellent/ Fair/ Poor (Spotty)*
Pattern Odor: *Normal/ Foul/ Fermented*
Equipment Condition: *Good/ Fair/ Poor/ Damaged*
Hive Condition: *Brace Comb/ Excessive Propolis/ Dead Bees/ Moisture/ Mold*
Foundation Type: *Wired Wax/ Plastic Frames/ Drone Cell/Plasticell/ Natural*

Notes:

Weather

Conditions: *Clear/ Cloudy/ Drizzle/ Fair/ Fog/ Haze/ Icy/ Light Rain/ Mostly Cloudy/ Overcast/ Partly Cloudy/ Partly Rain/ Snow Showers/ Sunny/ Thunderstorms/ Windy*

Temperature: **Humidity:**   %
Wind Speed: mph   **Wind Direction:**
Pressure: *rising/ falling/ steady*

Notes:

Diseases

American Foulbrood/ Chalkbrood/ European Foulbrood/ Nosema/ Tracheal Mites/ Small Hive Beetle (Light/Moderate/ Heavy) / Varroa Mites (Light/Moderate/Heavy)

Notes:

Treatments

Api-Life VAR/ Apistan/ CheckMite+/ Formic Acid/ Fumagilin-B/ Guard Star/ Hivastan/ MAQS/ Mite-A-Thol/ Terra-Pro/ Terramycin/ Tylan/ Small Hive Beetle Traps

Coumaphos Strips/ Soil Drench/ Powder Sugar Roll/ Drone Brood Removal/ Small Cell Comb/ Brood Comb Replacement/ Apivar/ Acetic Acid/ Hop Guard/ Apiguard/ Oxalic Acid

Other Comments:

Feedings

Api Go/ Ener-G-Plus/ Fresh Pollen/ HFCS-55/ Honey B Healthy/ MegaBee/ Mixed Sugar/ Vita Feed GOLD/ Vita Feed GREEN/ Pollen Patty/ Ultra Bee/ Feed Bee

Other Comments:

To-Do Items

Regular inspection date:
Inspect for weakness date:
Check queen laying pattern date:
Check queen cells date:
Check medications date:
Check feed date:

Regular inspection date:
Inspect for weakness date:
Check queen laying pattern date:
Check queen cells date:
Check medications date:
Check feed date:

Regular inspection date:
Inspect for weakness date:
Check queen laying pattern date:
Check queen cells date:
Check medications date:
Check feed date:

Regular inspection date:
Inspect for weakness date:
Check queen laying pattern date:
Check queen cells date:
Check medications date:
Check feed date:

Mark location of vital Queen Cells. Indicate areas filled by bees, nectar, honey and pollen.

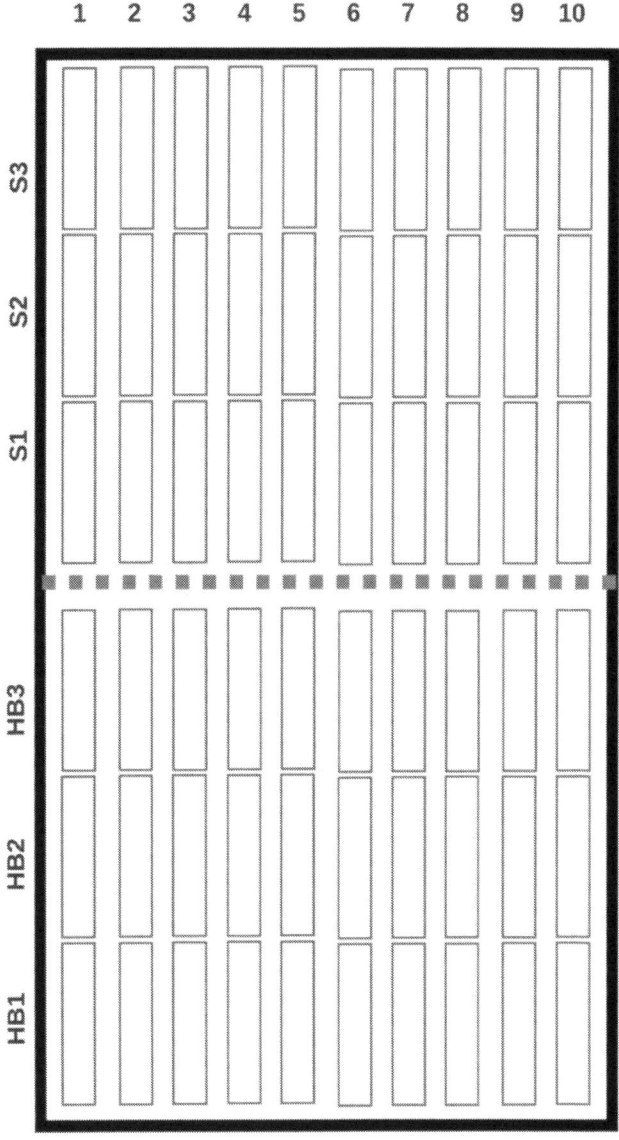

Other Notes:

Hive Name/Number:

Frame Count: **Date:**

GPS Lat: **Long:**

Hive Type: *8 frame/ Langstroth (10 frame)/ Nucleus Colony/ Top Bar*

Bee Source: *Acquired/ Cut Out/ Nuc/ Package/ Split/ Superceeded/ Swarm/ Trap Out*

Sun Exposure: *Partial Shade/ Shade/ Sunny/ Unknown*

Queen Name/Number:
Date Installed: **Queen Accepted:** Y/N
Marked: Y/N **Clipped:** Y/N

Breed: *Adami/ Africanized/ Apis mellifera mellifera/ Buckfast/ Buckfast hybrid/ Capensis/ Carniolan/ Caucasian/ Caucasian hybrid/ Cecropia/ Cordovan/ Feral/ German Black/ Italian/ Italian hybrid/ Local/ Macedonia/ Midnight/ Minnesota Hygienic/ New Minnesota Hygenics/ New World Carniolan/ New World Carniolan hybrid/ Russian/ Russian hybrid/ Scutellata/ SMR/ Starline/ Sunkist/ Unknown/ Varroa Sensitive Hygienic (VSH)/ Yugo*

Description:

Hive State: *Active/ Combined with Other Hive/ Dead (Bear)/ Dead (CCD)/ Dead (Cold)/ Dead (Laying Workers)/ Dead (Lost Queen)/ Dead (Mites)*

Hive Strength: *Very Strong/ Strong/ Moderate/ Weak/ Very Weak*

Description:

Event Date:
Event Type: *Dead (Bear)/ Dead (CCD)/ Dead (Cold)/ Dead (Laying Workers)/ Dead (Lost Queen)/ Dead (Mites)/ Dead (Nosema)/ Dead (Other)/ Dead (Pesticides)/ Dead (Poor Wintering Conditions)/ Dead (Robbing)/ Dead (Skunk)/ Dead (Small Hive Beetle)/ Dead (Starvation)/ Dead (Unknown)/ Dead (Weak in Fall)/ Feed/ Harvest/ Medicate/ Other/ Requeen/ Swarm/ Winterize*

Harvest: **Date:**
Product: *Extracted Honey/ Honey Rounds/ Pollen/ Propolis/ Wax*
Quantity: **Units of Measure:**
Description:

Inspections

Hive: **Date:**

Sighted: *Queen/ Eggs/ Capped Brood/ Uncapped*
Temper: *Calm/ Nervous/ Angry*   **Strength:**   %
Weight: **Frames of Bees:**
Supers in Place: **Supers Added:**
Nectar Flow: Y/N   **Hive Split:** Y/N

Hive Condition

Population: *Heavy/ Moderate/ Low*
Pollen: *High/ Average/ Low*
Honey Stores: *High/Average/ Low*
Queen Cells: *Yes/No*
Laying Pattern: *Excellent/ Fair/ Poor (Spotty)*
Pattern Odor: *Normal/ Foul/ Fermented*
Equipment Condition: *Good/ Fair/ Poor/ Damaged*
Hive Condition: *Brace Comb/ Excessive Propolis/ Dead Bees/ Moisture/ Mold*
Foundation Type: *Wired Wax/ Plastic Frames/ Drone Cell/Plasticell/ Natural*

Notes:

Weather

Conditions: *Clear/ Cloudy/ Drizzle/ Fair/ Fog/ Haze/ Icy/ Light Rain/ Mostly Cloudy/ Overcast/ Partly Cloudy/ Partly Rain/ Snow Showers/ Sunny/ Thunderstorms/ Windy*

Temperature: **Humidity:**   %
Wind Speed: mph   **Wind Direction:**
Pressure: *rising/ falling/ steady*

Notes:

Diseases

American Foulbrood/ Chalkbrood/ European Foulbrood/ Nosema/ Tracheal Mites/ Small Hive Beetle (Light/Moderate/ Heavy) / Varroa Mites (Light/Moderate/Heavy)

Notes:

Treatments

Api-Life VAR/ Apistan/ CheckMite+/ Formic Acid/ Fumagilin-B/ Guard Star/ Hivastan/ MAQS/ Mite-A-Thol/ Terra-Pro/ Terramycin/ Tylan/ Small Hive Beetle Traps

Coumaphos Strips/ Soil Drench/ Powder Sugar Roll/ Drone Brood Removal/ Small Cell Comb/ Brood Comb Replacement/ Apivar/ Acetic Acid/ Hop Guard/ Apiguard/ Oxalic Acid

Other Comments:

Feedings

Api Go/ Ener-G-Plus/ Fresh Pollen/ HFCS-55/ Honey B Healthy/ MegaBee/ Mixed Sugar/ Vita Feed GOLD/ Vita Feed GREEN/ Pollen Patty/ Ultra Bee/ Feed Bee

Other Comments:

To-Do Items

Regular inspection date:
Inspect for weakness date:
Check queen laying pattern date:
Check queen cells date:
Check medications date:
Check feed date:

Regular inspection date:
Inspect for weakness date:
Check queen laying pattern date:
Check queen cells date:
Check medications date:
Check feed date:

Regular inspection date:
Inspect for weakness date:
Check queen laying pattern date:
Check queen cells date:
Check medications date:
Check feed date:

Regular inspection date:
Inspect for weakness date:
Check queen laying pattern date:
Check queen cells date:
Check medications date:
Check feed date:

Mark location of vital Queen Cells. Indicate areas filled by bees, nectar, honey and pollen.

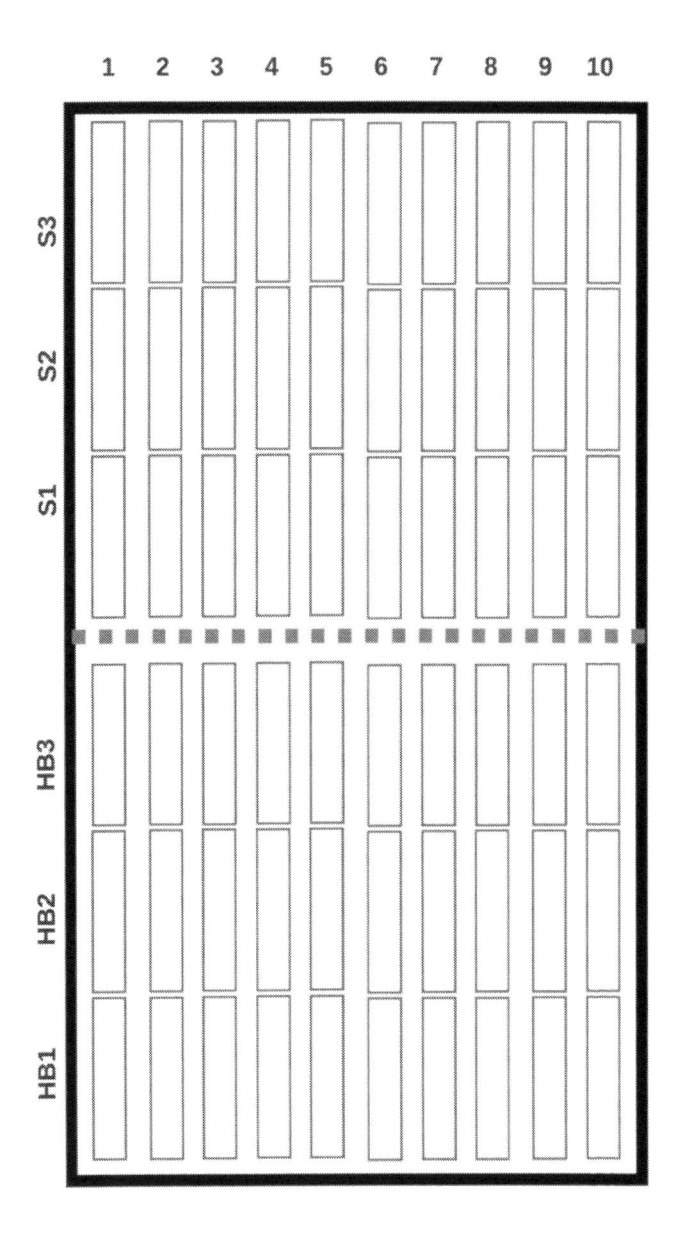

42

Other Notes:

Hive Name/Number:

Frame Count: **Date:**

GPS Lat: **Long:**

Hive Type: *8 frame/ Langstroth (10 frame)/ Nucleus Colony/ Top Bar*

Bee Source: *Acquired/Cut Out/Nuc/Package/ Split/ Superceeded/ Swarm/ Trap Out*

Sun Exposure: *Partial Shade/ Shade/ Sunny/ Unknown*

Queen Name/Number:
Date Installed: **Queen Accepted:** Y/N
Marked: Y/N   **Clipped:** Y/N

Breed: *Adami/Africanized/Apis mellifera mellifera/ Buckfast/ Buckfast hybrid/ Capensis/ Carniolan/ Caucasian/ Caucasian hybrid/ Cecropia/ Cordovan/ Feral/ German Black/ Italian/ Italian hybrid/ Local/ Macedonia/ Midnight/ Minnesota Hygienic/ New Minnesota Hygenics/ New World Carniolan/ New World Carniolan hybrid/ Russian/ Russian hybrid/ Scutellata/ SMR/ Starline/ Sunkist/ Unknown/ Varroa Sensitive Hygienic (VSH)/ Yugo*

Description:

Hive State: *Active/ Combined with Other Hive/ Dead (Bear)/ Dead (CCD)/ Dead (Cold)/ Dead (Laying Workers)/ Dead (Lost Queen)/ Dead (Mites)*

Hive Strength: *Very Strong/ Strong/ Moderate/ Weak/ Very Weak*

Description:

Event Date:
Event Type: *Dead (Bear)/ Dead (CCD)/ Dead (Cold)/ Dead (Laying Workers)/ Dead (Lost Queen)/ Dead (Mites)/ Dead (Nosema)/ Dead (Other)/ Dead (Pesticides)/ Dead (Poor Wintering Conditions)/ Dead (Robbing)/ Dead (Skunk)/ Dead (Small Hive Beetle)/ Dead (Starvation)/ Dead (Unknown)/ Dead (Weak in Fall)/ Feed/ Harvest/ Medicate/ Other/ Requeen/ Swarm/ Winterize*

Harvest: **Date:**
Product: *Extracted Honey/ Honey Rounds/ Pollen/ Propolis/ Wax*
Quantity: **Units of Measure:**
Description:

Inspections

Hive: Date:

Sighted: *Queen/ Eggs/ Capped Brood/ Uncapped*
Temper: *Calm/ Nervous/ Angry*   **Strength:**   %
Weight: **Frames of Bees:**
Supers in Place: **Supers Added:**
Nectar Flow: Y/N   **Hive Split:** Y/N

Hive Condition

Population: *Heavy/ Moderate/ Low*
Pollen: *High/ Average/ Low*
Honey Stores: *High/Average/ Low*
Queen Cells: *Yes/No*
Laying Pattern: *Excellent/ Fair/ Poor (Spotty)*
Pattern Odor: *Normal/ Foul/ Fermented*
Equipment Condition: *Good/ Fair/ Poor/ Damaged*
Hive Condition: *Brace Comb/ Excessive Propolis/ Dead Bees/ Moisture/ Mold*
Foundation Type: *Wired Wax/ Plastic Frames/ Drone Cell/Plasticell/ Natural*

Notes:

Weather

Conditions: *Clear/ Cloudy/ Drizzle/ Fair/ Fog/ Haze/ Icy/ Light Rain/ Mostly Cloudy/ Overcast/ Partly Cloudy/ Partly Rain/ Snow Showers/ Sunny/ Thunderstorms/ Windy*

Temperature: **Humidity:** %
Wind Speed: mph   **Wind Direction:**
Pressure: *rising/ falling/ steady*

Notes:

Diseases

American Foulbrood/ Chalkbrood/ European Foulbrood/ Nosema/ Tracheal Mites/ Small Hive Beetle (Light/Moderate/ Heavy) / Varroa Mites (Light/Moderate/Heavy)

Notes:

Treatments

Api-Life VAR/ Apistan/ CheckMite+/ Formic Acid/ Fumagilin-B/ Guard Star/ Hivastan/ MAQS/ Mite-A-Thol/ Terra-Pro/ Terramycin/ Tylan/ Small Hive Beetle Traps

Coumaphos Strips/ Soil Drench/ Powder Sugar Roll/ Drone Brood Removal/ Small Cell Comb/ Brood Comb Replacement/ Apivar/ Acetic Acid/ Hop Guard/ Apiguard/ Oxalic Acid

Other Comments:

Feedings

Api Go/ Ener-G-Plus/ Fresh Pollen/ HFCS-55/ Honey B Healthy/ MegaBee/ Mixed Sugar/ Vita Feed GOLD/ Vita Feed GREEN/ Pollen Patty/ Ultra Bee/ Feed Bee

Other Comments:

To-Do Items

Regular inspection date:
Inspect for weakness date:
Check queen laying pattern date:
Check queen cells date:
Check medications date:
Check feed date:

Regular inspection date:
Inspect for weakness date:
Check queen laying pattern date:
Check queen cells date:
Check medications date:
Check feed date:

Regular inspection date:
Inspect for weakness date:
Check queen laying pattern date:
Check queen cells date:
Check medications date:
Check feed date:

Regular inspection date:
Inspect for weakness date:
Check queen laying pattern date:
Check queen cells date:
Check medications date:
Check feed date:

Mark location of vital Queen Cells. Indicate areas filled by bees, nectar, honey and pollen.

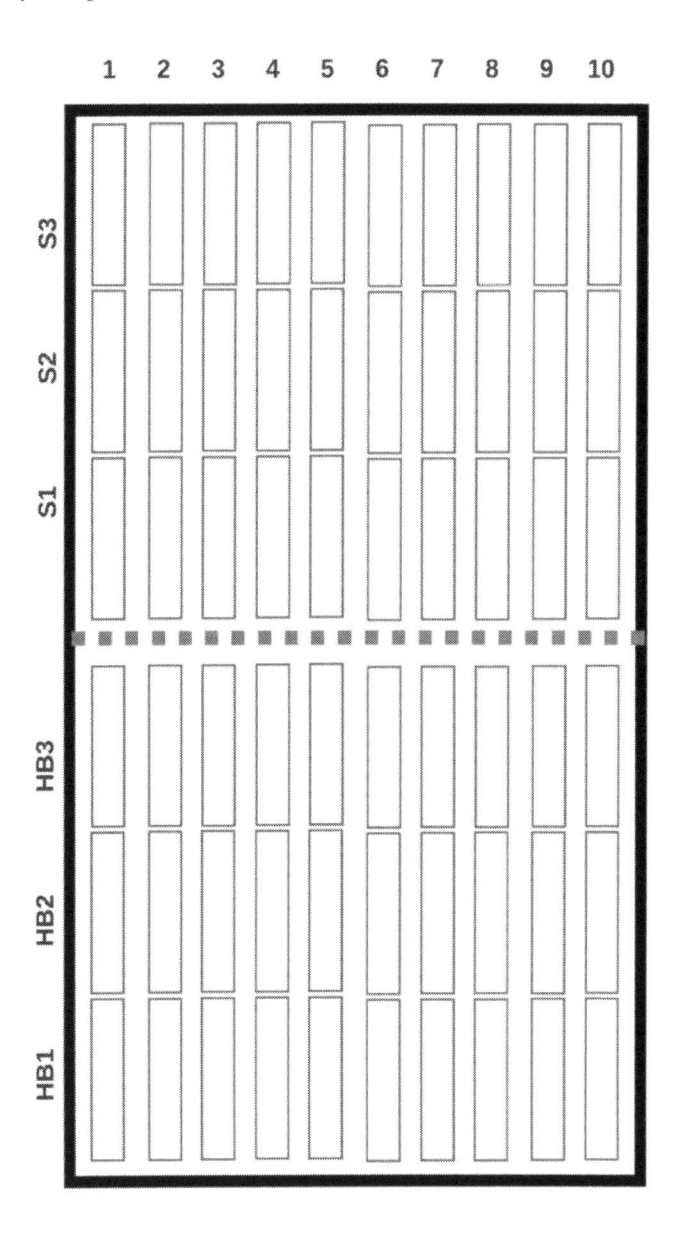

50

Other Notes:

Hive Name/Number:

Frame Count: **Date:**

GPS Lat: **Long:**

Hive Type: *8 frame/ Langstroth (10 frame)/ Nucleus Colony/ Top Bar*

Bee Source: *Acquired/Cut Out/Nuc/Package/ Split/ Superceeded/ Swarm/ Trap Out*

Sun Exposure: *Partial Shade/ Shade/ Sunny/ Unknown*

Queen Name/Number:
Date Installed: **Queen Accepted:** Y/N
Marked: Y/N   **Clipped:** Y/N

Breed: *Adami/Africanized/Apis mellifera mellifera/ Buckfast/ Buckfast hybrid/ Capensis/ Carniolan/ Caucasian/ Caucasian hybrid/ Cecropia/ Cordovan/ Feral/ German Black/ Italian/ Italian hybrid/ Local/ Macedonia/ Midnight/ Minnesota Hygienic/ New Minnesota Hygenics/ New World Carniolan/ New World Carniolan hybrid/ Russian/ Russian hybrid/ Scutellata/ SMR/ Starline/ Sunkist/ Unknown/ Varroa Sensitive Hygienic (VSH)/ Yugo*

Description:

Hive State: *Active/ Combined with Other Hive/ Dead (Bear)/ Dead (CCD)/ Dead (Cold)/ Dead (Laying Workers)/ Dead (Lost Queen)/ Dead (Mites)*

Hive Strength: *Very Strong/ Strong/ Moderate/ Weak/ Very Weak*

Description:

Event Date:
Event Type: *Dead (Bear)/ Dead (CCD)/ Dead (Cold)/ Dead (Laying Workers)/ Dead (Lost Queen)/ Dead (Mites)/ Dead (Nosema)/ Dead (Other)/ Dead (Pesticides)/ Dead (Poor Wintering Conditions)/ Dead (Robbing)/ Dead (Skunk)/ Dead (Small Hive Beetle)/ Dead (Starvation)/ Dead (Unknown)/ Dead (Weak in Fall)/ Feed/ Harvest/ Medicate/ Other/ Requeen/ Swarm/ Winterize*

Harvest: **Date:**
Product: *Extracted Honey/ Honey Rounds/ Pollen/ Propolis/ Wax*
Quantity: **Units of Measure:**
Description:

Inspections

Hive: Date:

Sighted: *Queen/ Eggs/ Capped Brood/ Uncapped*
Temper: *Calm/ Nervous/ Angry*   **Strength:**   %
Weight: **Frames of Bees:**
Supers in Place: **Supers Added:**
Nectar Flow: Y/N   **Hive Split:** Y/N

Hive Condition

Population: *Heavy/ Moderate/ Low*
Pollen: *High/ Average/ Low*
Honey Stores: *High/ Average/ Low*
Queen Cells: *Yes/No*
Laying Pattern: *Excellent/ Fair/ Poor (Spotty)*
Pattern Odor: *Normal/ Foul/ Fermented*
Equipment Condition: *Good/ Fair/ Poor/ Damaged*
Hive Condition: *Brace Comb/ Excessive Propolis/ Dead Bees/ Moisture/ Mold*
Foundation Type: *Wired Wax/ Plastic Frames/ Drone Cell/Plasticell/ Natural*

Notes:

Weather

Conditions: *Clear/ Cloudy/ Drizzle/ Fair/ Fog/ Haze/ Icy/ Light Rain/ Mostly Cloudy/ Overcast/ Partly Cloudy/ Partly Rain/ Snow Showers/ Sunny/ Thunderstorms/ Windy*

Temperature: **Humidity:**   %
Wind Speed: mph   **Wind Direction:**
Pressure: *rising/ falling/ steady*

Notes:

Diseases

American Foulbrood/ Chalkbrood/ European Foulbrood/ Nosema/ Tracheal Mites/ Small Hive Beetle (Light/Moderate/ Heavy) / Varroa Mites (Light/Moderate/ Heavy)

Notes:

Treatments

Api-Life VAR/ Apistan/ CheckMite+/ Formic Acid/ Fumagilin-B/ Guard Star/ Hivastan/ MAQS/ Mite-A-Thol/ Terra-Pro/ Terramycin/ Tylan/ Small Hive Beetle Traps

Coumaphos Strips/ Soil Drench/ Powder Sugar Roll/ Drone Brood Removal/ Small Cell Comb/ Brood Comb Replacement/ Apivar/ Acetic Acid/ Hop Guard/ Apiguard/ Oxalic Acid

Other Comments:

Feedings

Api Go/ Ener-G-Plus/ Fresh Pollen/ HFCS-55/ Honey B Healthy/ MegaBee/ Mixed Sugar/ Vita Feed GOLD/ Vita Feed GREEN/ Pollen Patty/ Ultra Bee/ Feed Bee

Other Comments:

To-Do Items

Regular inspection date:
Inspect for weakness date:
Check queen laying pattern date:
Check queen cells date:
Check medications date:
Check feed date:

Regular inspection date:
Inspect for weakness date:
Check queen laying pattern date:
Check queen cells date:
Check medications date:
Check feed date:

Regular inspection date:
Inspect for weakness date:
Check queen laying pattern date:
Check queen cells date:
Check medications date:
Check feed date:

Regular inspection date:
Inspect for weakness date:
Check queen laying pattern date:
Check queen cells date:
Check medications date:
Check feed date:

Mark location of vital Queen Cells. Indicate areas filled by bees, nectar, honey and pollen.

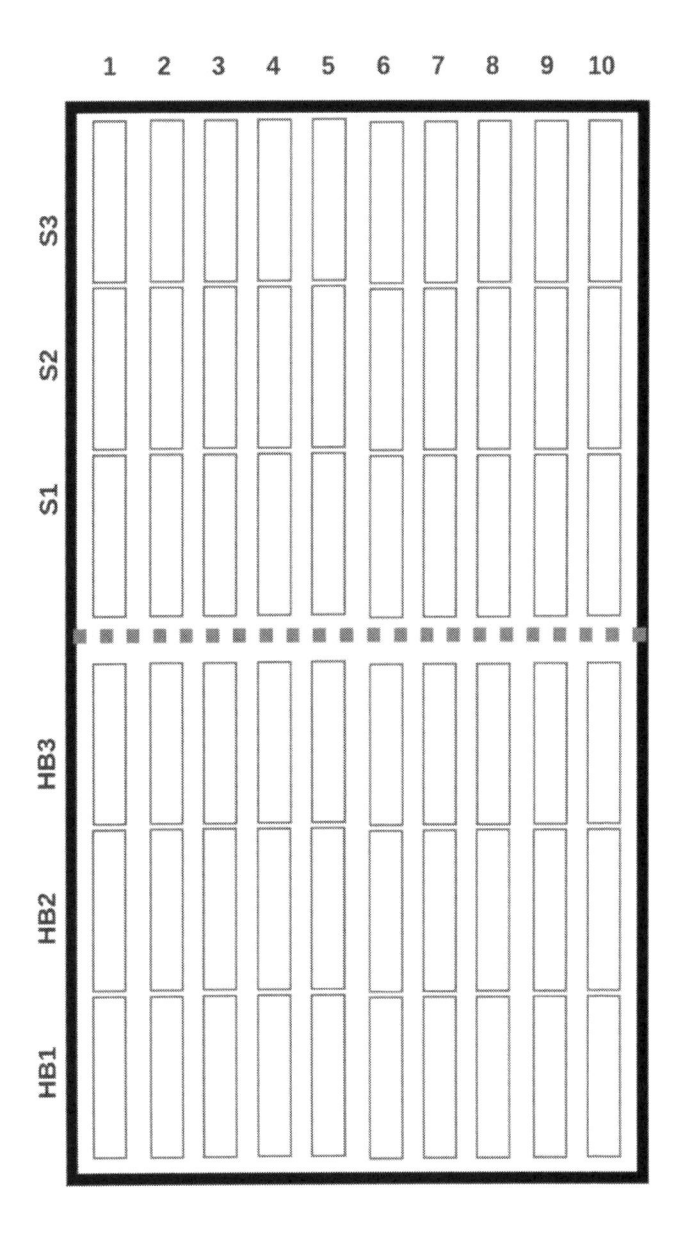

Other Notes:

Hive Name/Number:

Frame Count: **Date:**

GPS Lat: **Long:**

Hive Type: *8 frame/ Langstroth (10 frame)/ Nucleus Colony/ Top Bar*

Bee Source: *Acquired/ Cut Out/ Nuc/ Package/ Split/ Superceeded/ Swarm/ Trap Out*

Sun Exposure: *Partial Shade/ Shade/ Sunny/ Unknown*

Queen Name/Number:
Date Installed: **Queen Accepted:** Y/N
Marked: Y/N   **Clipped:** Y/N

Breed: *Adami/ Africanized/ Apis mellifera mellifera/ Buckfast/ Buckfast hybrid/ Capensis/ Carniolan/ Caucasian/ Caucasian hybrid/ Cecropia/ Cordovan/ Feral/ German Black/ Italian/ Italian hybrid/ Local/ Macedonia/ Midnight/ Minnesota Hygienic/ New Minnesota Hygenics/ New World Carniolan/ New World Carniolan hybrid/ Russian/ Russian hybrid/ Scutellata/ SMR/ Starline/ Sunkist/ Unknown/ Varroa Sensitive Hygienic (VSH)/ Yugo*

Description:

Hive State: *Active/ Combined with Other Hive/ Dead (Bear)/ Dead (CCD)/ Dead (Cold)/ Dead (Laying Workers)/ Dead (Lost Queen)/ Dead (Mites)*

Hive Strength: *Very Strong/ Strong/ Moderate/ Weak/ Very Weak*

Description:

Event Date:
Event Type: *Dead (Bear)/ Dead (CCD)/ Dead (Cold)/ Dead (Laying Workers)/ Dead (Lost Queen)/ Dead (Mites)/ Dead (Nosema)/ Dead (Other)/ Dead (Pesticides)/ Dead (Poor Wintering Conditions)/ Dead (Robbing)/ Dead (Skunk)/ Dead (Small Hive Beetle)/ Dead (Starvation)/ Dead (Unknown)/ Dead (Weak in Fall)/ Feed/ Harvest/ Medicate/ Other/ Requeen/ Swarm/ Winterize*

Harvest: **Date:**
Product: *Extracted Honey/ Honey Rounds/ Pollen/ Propolis/ Wax*
Quantity: **Units of Measure:**
Description:

Inspections

Hive: Date:

Sighted: *Queen/ Eggs/ Capped Brood/ Uncapped*
Temper: *Calm/ Nervous/ Angry*   **Strength:**   %
Weight: **Frames of Bees:**
Supers in Place: **Supers Added:**
Nectar Flow: Y/N   **Hive Split:** Y/N

Hive Condition

Population: *Heavy/ Moderate/ Low*
Pollen: *High/ Average/ Low*
Honey Stores: *High/ Average/ Low*
Queen Cells: *Yes/No*
Laying Pattern: *Excellent/ Fair/ Poor (Spotty)*
Pattern Odor: *Normal/ Foul/ Fermented*
Equipment Condition: *Good/ Fair/ Poor/ Damaged*
Hive Condition: *Brace Comb/ Excessive Propolis/ Dead Bees/ Moisture/ Mold*
Foundation Type: *Wired Wax/ Plastic Frames/ Drone Cell/Plasticell/ Natural*

Notes:

Weather

Conditions: *Clear/ Cloudy/ Drizzle/ Fair/ Fog/ Haze/ Icy/ Light Rain/ Mostly Cloudy/ Overcast/ Partly Cloudy/ Partly Rain/ Snow Showers/ Sunny/ Thunderstorms/ Windy*

Temperature: **Humidity:**   %
Wind Speed: mph   **Wind Direction:**
Pressure: *rising/ falling/ steady*

Notes:

Diseases

American Foulbrood/ Chalkbrood/ European Foulbrood/ Nosema/ Tracheal Mites/ Small Hive Beetle (Light/Moderate/ Heavy) / Varroa Mites (Light/Moderate/Heavy)

Notes:

Treatments

Api-Life VAR/ Apistan/ CheckMite+/ Formic Acid/ Fumagilin-B/ Guard Star/ Hivastan/ MAQS/ Mite-A-Thol/ Terra-Pro/ Terramycin/ Tylan/ Small Hive Beetle Traps

Coumaphos Strips/ Soil Drench/ Powder Sugar Roll/ Drone Brood Removal/ Small Cell Comb/ Brood Comb Replacement/ Apivar/ Acetic Acid/ Hop Guard/ Apiguard/ Oxalic Acid

Other Comments:

Feedings

Api Go/ Ener-G-Plus/ Fresh Pollen/ HFCS-55/ Honey B Healthy/ MegaBee/ Mixed Sugar/ Vita Feed GOLD/ Vita Feed GREEN/ Pollen Patty/ Ultra Bee/ Feed Bee

Other Comments:

To-Do Items

Regular inspection date:
Inspect for weakness date:
Check queen laying pattern date:
Check queen cells date:
Check medications date:
Check feed date:

Regular inspection date:
Inspect for weakness date:
Check queen laying pattern date:
Check queen cells date:
Check medications date:
Check feed date:

Regular inspection date:
Inspect for weakness date:
Check queen laying pattern date:
Check queen cells date:
Check medications date:
Check feed date:

Regular inspection date:
Inspect for weakness date:
Check queen laying pattern date:
Check queen cells date:
Check medications date:
Check feed date:

Mark location of vital Queen Cells. Indicate areas filled by bees, nectar, honey and pollen.

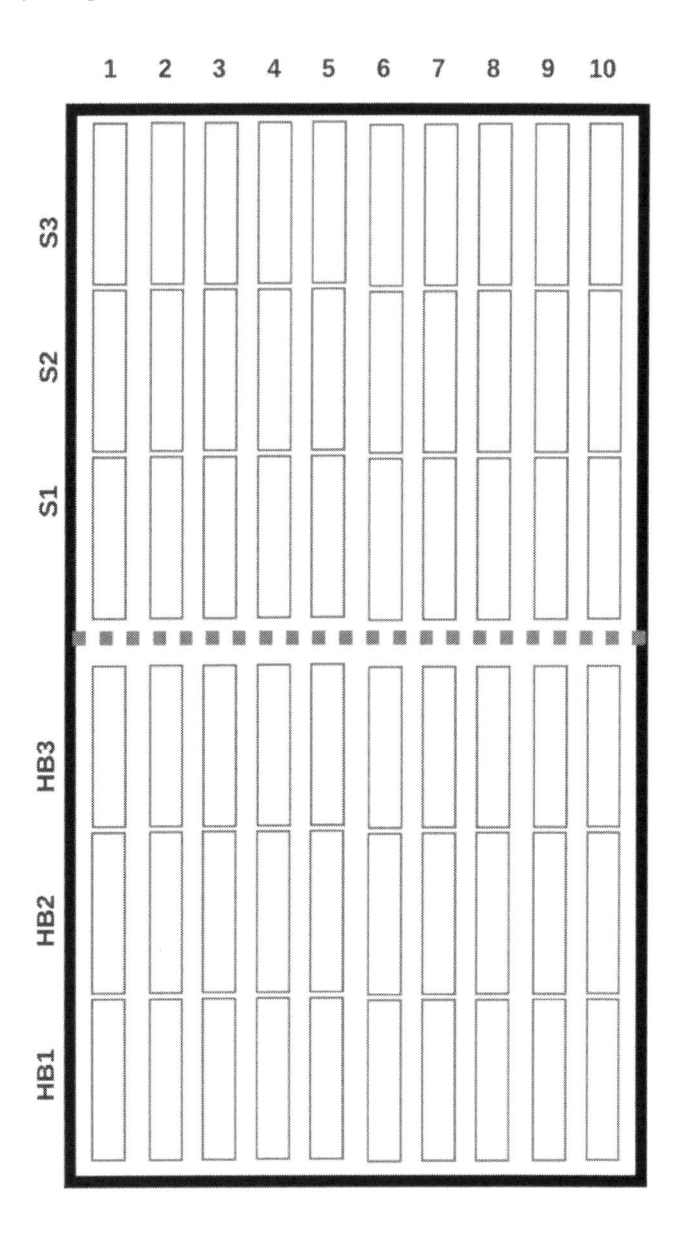

	1	2	3	4	5	6	7	8	9	10
S3										
S2										
S1										
HB3										
HB2										
HB1										

Other Notes:

Hive Name/Number:

Frame Count: **Date:**

GPS Lat: **Long:**

Hive Type: *8 frame/ Langstroth (10 frame)/ Nucleus Colony/ Top Bar*

Bee Source: *Acquired/Cut Out/Nuc/Package/ Split/ Superceeded/ Swarm/ Trap Out*

Sun Exposure: *Partial Shade/ Shade/ Sunny/ Unknown*

Queen Name/Number:
Date Installed: **Queen Accepted:** Y/N
Marked: Y/N   **Clipped:** Y/N

Breed: *Adami/Africanized/Apis mellifera mellifera/ Buckfast/ Buckfast hybrid/ Capensis/ Carniolan/ Caucasian/ Caucasian hybrid/ Cecropia/ Cordovan/ Feral/ German Black/ Italian/ Italian hybrid/ Local/ Macedonia/ Midnight/ Minnesota Hygienic/ New Minnesota Hygenics/ New World Carniolan/ New World Carniolan hybrid/ Russian/ Russian hybrid/ Scutellata/ SMR/ Starline/ Sunkist/ Unknown/ Varroa Sensitive Hygienic (VSH)/ Yugo*

Description:

Hive State: *Active/ Combined with Other Hive/ Dead (Bear)/ Dead (CCD)/ Dead (Cold)/ Dead (Laying Workers)/ Dead (Lost Queen)/ Dead (Mites)*

Hive Strength: *Very Strong/ Strong/ Moderate/ Weak/ Very Weak*

Description:

Event Date:
Event Type: *Dead (Bear)/ Dead (CCD)/ Dead (Cold)/ Dead (Laying Workers)/ Dead (Lost Queen)/ Dead (Mites)/ Dead (Nosema)/ Dead (Other)/ Dead (Pesticides)/ Dead (Poor Wintering Conditions)/ Dead (Robbing)/ Dead (Skunk)/ Dead (Small Hive Beetle)/ Dead (Starvation)/ Dead (Unknown)/ Dead (Weak in Fall)/ Feed/ Harvest/ Medicate/ Other/ Requeen/ Swarm/ Winterize*

Harvest: **Date:**
Product: *Extracted Honey/ Honey Rounds/ Pollen/ Propolis/ Wax*
Quantity: **Units of Measure:**
Description:

Inspections

Hive: **Date:**

Sighted: *Queen/ Eggs/ Capped Brood/ Uncapped*
Temper: *Calm/ Nervous/ Angry*   **Strength:**   %
Weight: **Frames of Bees:**
Supers in Place: **Supers Added:**
Nectar Flow: Y/N   **Hive Split:** Y/N

Hive Condition

Population: *Heavy/ Moderate/ Low*
Pollen: *High/ Average/ Low*
Honey Stores: *High/Average/ Low*
Queen Cells: *Yes/No*
Laying Pattern: *Excellent/ Fair/ Poor (Spotty)*
Pattern Odor: *Normal/ Foul/ Fermented*
Equipment Condition: *Good/ Fair/ Poor/ Damaged*
Hive Condition: *Brace Comb/ Excessive Propolis/ Dead Bees/ Moisture/ Mold*
Foundation Type: *Wired Wax/ Plastic Frames/ Drone Cell/Plasticell/ Natural*

Notes:

Weather

Conditions: *Clear/ Cloudy/ Drizzle/ Fair/ Fog/ Haze/ Icy/ Light Rain/ Mostly Cloudy/ Overcast/ Partly Cloudy/ Partly Rain/ Snow Showers/ Sunny/ Thunderstorms/ Windy*

Temperature: **Humidity:**   %
Wind Speed: mph   **Wind Direction:**
Pressure: *rising/ falling/ steady*

Notes:

Diseases

American Foulbrood/ Chalkbrood/ European Foulbrood/ Nosema/ Tracheal Mites/ Small Hive Beetle (Light/Moderate/ Heavy) / Varroa Mites (Light/Moderate/Heavy)

Notes:

Treatments

Api-Life VAR/ Apistan/ CheckMite+/ Formic Acid/ Fumagilin-B/ Guard Star/ Hivastan/ MAQS/ Mite-A-Thol/ Terra-Pro/ Terramycin/ Tylan/ Small Hive Beetle Traps

Coumaphos Strips/ Soil Drench/ Powder Sugar Roll/ Drone Brood Removal/ Small Cell Comb/ Brood Comb Replacement/ Apivar/ Acetic Acid/ Hop Guard/ Apiguard/ Oxalic Acid

Other Comments:

Feedings

Api Go/ Ener-G-Plus/ Fresh Pollen/ HFCS-55/ Honey B Healthy/ MegaBee/ Mixed Sugar/ Vita Feed GOLD/ Vita Feed GREEN/ Pollen Patty/ Ultra Bee/ Feed Bee

Other Comments:

To-Do Items

Regular inspection date:
Inspect for weakness date:
Check queen laying pattern date:
Check queen cells date:
Check medications date:
Check feed date:

Regular inspection date:
Inspect for weakness date:
Check queen laying pattern date:
Check queen cells date:
Check medications date:
Check feed date:

Regular inspection date:
Inspect for weakness date:
Check queen laying pattern date:
Check queen cells date:
Check medications date:
Check feed date:

Regular inspection date:
Inspect for weakness date:
Check queen laying pattern date:
Check queen cells date:
Check medications date:
Check feed date:

Mark location of vital Queen Cells. Indicate areas filled by bees, nectar, honey and pollen.

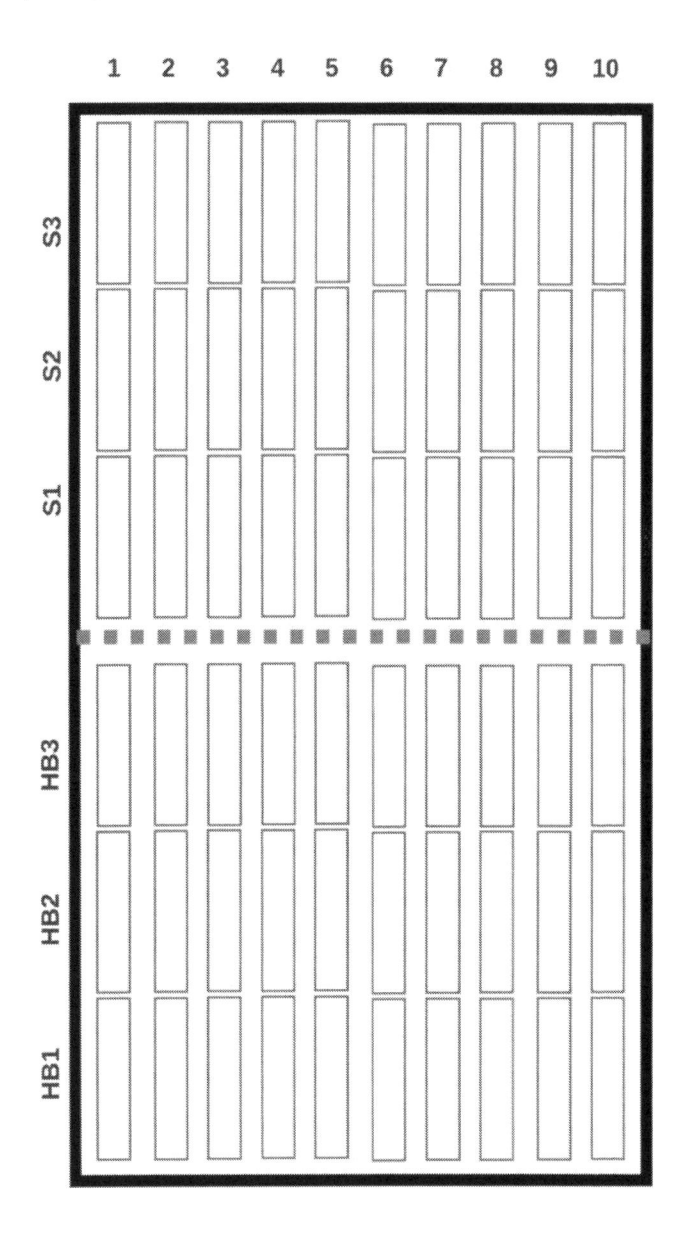

Other Notes:

Hive Name/Number:

Frame Count: **Date:**

GPS Lat: **Long:**

Hive Type: *8 frame/ Langstroth (10 frame)/ Nucleus Colony/ Top Bar*

Bee Source: *Acquired/ Cut Out/ Nuc/ Package/ Split/ Superceeded/ Swarm/ Trap Out*

Sun Exposure: *Partial Shade/ Shade/ Sunny/ Unknown*

Queen Name/Number:
Date Installed: **Queen Accepted:** Y/N
Marked: Y/N   **Clipped:** Y/N

Breed: *Adami/ Africanized/ Apis mellifera mellifera/ Buckfast/ Buckfast hybrid/ Capensis/ Carniolan/ Caucasian/ Caucasian hybrid/ Cecropia/ Cordovan/ Feral/ German Black/ Italian/ Italian hybrid/ Local/ Macedonia/ Midnight/ Minnesota Hygienic/ New Minnesota Hygenics/ New World Carniolan/ New World Carniolan hybrid/ Russian/ Russian hybrid/ Scutellata/ SMR/ Starline/ Sunkist/ Unknown/ Varroa Sensitive Hygienic (VSH)/ Yugo*

Description:

Hive State: *Active/ Combined with Other Hive/ Dead (Bear)/ Dead (CCD)/ Dead (Cold)/ Dead (Laying Workers)/ Dead (Lost Queen)/ Dead (Mites)*

Hive Strength: *Very Strong/ Strong/ Moderate/ Weak/ Very Weak*

Description:

Event Date:
Event Type: *Dead (Bear)/ Dead (CCD)/ Dead (Cold)/ Dead (Laying Workers)/ Dead (Lost Queen)/ Dead (Mites)/ Dead (Nosema)/ Dead (Other)/ Dead (Pesticides)/ Dead (Poor Wintering Conditions)/ Dead (Robbing)/ Dead (Skunk)/ Dead (Small Hive Beetle)/ Dead (Starvation)/ Dead (Unknown)/ Dead (Weak in Fall)/ Feed/ Harvest/ Medicate/ Other/ Requeen/ Swarm/ Winterize*

Harvest: **Date:**
Product: *Extracted Honey/ Honey Rounds/ Pollen/ Propolis/ Wax*
Quantity: **Units of Measure:**
Description:

Inspections

Hive: **Date:**

Sighted: *Queen/ Eggs/ Capped Brood/ Uncapped*
Temper: *Calm/ Nervous/ Angry*   **Strength:**   %
Weight: **Frames of Bees:**
Supers in Place: **Supers Added:**
Nectar Flow: Y/N   **Hive Split:** Y/N

Hive Condition

Population: *Heavy/ Moderate/ Low*
Pollen: *High/ Average/ Low*
Honey Stores: *High/ Average/ Low*
Queen Cells: *Yes/No*
Laying Pattern: *Excellent/ Fair/ Poor (Spotty)*
Pattern Odor: *Normal/ Foul/ Fermented*
Equipment Condition: *Good/ Fair/ Poor/ Damaged*
Hive Condition: *Brace Comb/ Excessive Propolis/ Dead Bees/ Moisture/ Mold*
Foundation Type: *Wired Wax/ Plastic Frames/ Drone Cell/Plasticell/ Natural*

Notes:

Weather

Conditions: *Clear/ Cloudy/ Drizzle/ Fair/ Fog/ Haze/ Icy/ Light Rain/ Mostly Cloudy/ Overcast/ Partly Cloudy/ Partly Rain/ Snow Showers/ Sunny/ Thunderstorms/ Windy*

Temperature: **Humidity:**   %
Wind Speed: mph   **Wind Direction:**
Pressure: *rising/ falling/ steady*

Notes:

Diseases

American Foulbrood/ Chalkbrood/ European Foulbrood/ Nosema/ Tracheal Mites/ Small Hive Beetle (Light/Moderate/ Heavy) / Varroa Mites (Light/Moderate/Heavy)

Notes:

Treatments

Api-Life VAR/ Apistan/ CheckMite+/ Formic Acid/ Fumagilin-B/ Guard Star/ Hivastan/ MAQS/ Mite-A-Thol/ Terra-Pro/ Terramycin/ Tylan/ Small Hive Beetle Traps

Coumaphos Strips/ Soil Drench/ Powder Sugar Roll/ Drone Brood Removal/ Small Cell Comb/ Brood Comb Replacement/ Apivar/ Acetic Acid/ Hop Guard/ Apiguard/ Oxalic Acid

Other Comments:

Feedings

Api Go/ Ener-G-Plus/ Fresh Pollen/ HFCS-55/ Honey B Healthy/ MegaBee/ Mixed Sugar/ Vita Feed GOLD/ Vita Feed GREEN/ Pollen Patty/ Ultra Bee/ Feed Bee

Other Comments:

To-Do Items

Regular inspection date:
Inspect for weakness date:
Check queen laying pattern date:
Check queen cells date:
Check medications date:
Check feed date:

Regular inspection date:
Inspect for weakness date:
Check queen laying pattern date:
Check queen cells date:
Check medications date:
Check feed date:

Regular inspection date:
Inspect for weakness date:
Check queen laying pattern date:
Check queen cells date:
Check medications date:
Check feed date:

Regular inspection date:
Inspect for weakness date:
Check queen laying pattern date:
Check queen cells date:
Check medications date:
Check feed date:

Mark location of vital Queen Cells. Indicate areas filled by bees, nectar, honey and pollen.

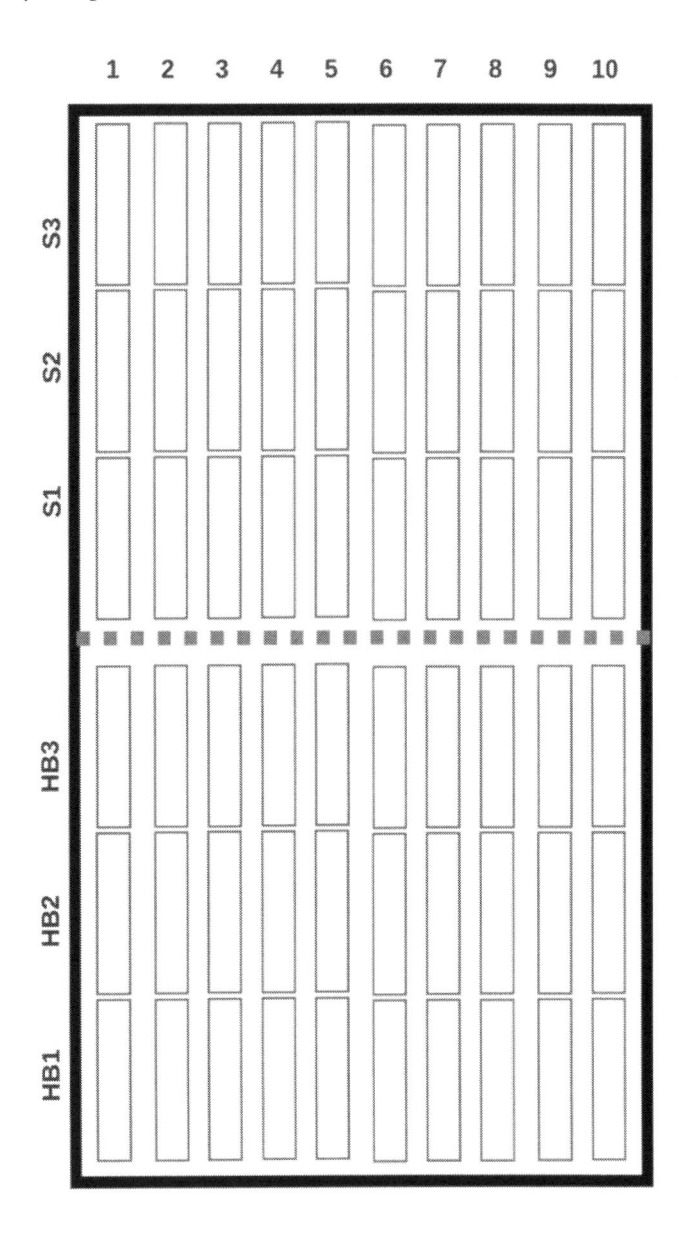

Other Notes:

Hive Name/Number:

Frame Count: **Date:**

GPS Lat: **Long:**

Hive Type: *8 frame/ Langstroth (10 frame)/ Nucleus Colony/ Top Bar*

Bee Source: *Acquired/ Cut Out/ Nuc/ Package/ Split/ Superceeded/ Swarm/ Trap Out*

Sun Exposure: *Partial Shade/ Shade/ Sunny/ Unknown*

Queen Name/Number:
Date Installed: **Queen Accepted:** Y/N
Marked: Y/N   **Clipped:** Y/N

Breed: *Adami/ Africanized/ Apis mellifera mellifera/ Buckfast/ Buckfast hybrid/ Capensis/ Carniolan/ Caucasian/ Caucasian hybrid/ Cecropia/ Cordovan/ Feral/ German Black/ Italian/ Italian hybrid/ Local/ Macedonia/ Midnight/ Minnesota Hygienic/ New Minnesota Hygenics/ New World Carniolan/ New World Carniolan hybrid/ Russian/ Russian hybrid/ Scutellata/ SMR/ Starline/ Sunkist/ Unknown/ Varroa Sensitive Hygienic (VSH)/ Yugo*

Description:

Hive State: *Active/ Combined with Other Hive/ Dead (Bear)/ Dead (CCD)/ Dead (Cold)/ Dead (Laying Workers)/ Dead (Lost Queen)/ Dead (Mites)*

Hive Strength: *Very Strong/ Strong/ Moderate/ Weak/ Very Weak*

Description:

Event Date:
Event Type: *Dead (Bear)/ Dead (CCD)/ Dead (Cold)/ Dead (Laying Workers)/ Dead (Lost Queen)/ Dead (Mites)/ Dead (Nosema)/ Dead (Other)/ Dead (Pesticides)/ Dead (Poor Wintering Conditions)/ Dead (Robbing)/ Dead (Skunk)/ Dead (Small Hive Beetle)/ Dead (Starvation)/ Dead (Unknown)/ Dead (Weak in Fall)/ Feed/ Harvest/ Medicate/ Other/ Requeen/ Swarm/ Winterize*

Harvest: **Date:**
Product: *Extracted Honey/ Honey Rounds/ Pollen/ Propolis/ Wax*
Quantity: **Units of Measure:**
Description:

Inspections

Hive: Date:

Sighted: *Queen/ Eggs/ Capped Brood/ Uncapped*
Temper: *Calm/ Nervous/ Angry*   **Strength:**   %
Weight: **Frames of Bees:**
Supers in Place: **Supers Added:**
Nectar Flow: Y/N   **Hive Split:** Y/N

Hive Condition

Population: *Heavy/ Moderate/ Low*
Pollen: *High/ Average/ Low*
Honey Stores: *High/ Average/ Low*
Queen Cells: *Yes/No*
Laying Pattern: *Excellent/ Fair/ Poor (Spotty)*
Pattern Odor: *Normal/ Foul/ Fermented*
Equipment Condition: *Good/ Fair/ Poor/ Damaged*
Hive Condition: *Brace Comb/ Excessive Propolis/ Dead Bees/ Moisture/ Mold*
Foundation Type: *Wired Wax/ Plastic Frames/ Drone Cell/Plasticell/ Natural*

Notes:

Weather

Conditions: *Clear/ Cloudy/ Drizzle/ Fair/ Fog/ Haze/ Icy/ Light Rain/ Mostly Cloudy/ Overcast/ Partly Cloudy/ Partly Rain/ Snow Showers/ Sunny/ Thunderstorms/ Windy*

Temperature: **Humidity:** %
Wind Speed: mph   **Wind Direction:**
Pressure: *rising/ falling/ steady*

Notes:

Diseases

American Foulbrood/ Chalkbrood/ European Foulbrood/ Nosema/ Tracheal Mites/ Small Hive Beetle (Light/Moderate/ Heavy) / Varroa Mites (Light/Moderate/Heavy)

Notes:

Treatments

Api-Life VAR/ Apistan/ CheckMite+/ Formic Acid/ Fumagilin-B/ Guard Star/ Hivastan/ MAQS/ Mite-A-Thol/ Terra-Pro/ Terramycin/ Tylan/ Small Hive Beetle Traps

Coumaphos Strips/ Soil Drench/ Powder Sugar Roll/ Drone Brood Removal/ Small Cell Comb/ Brood Comb Replacement/ Apivar/ Acetic Acid/ Hop Guard/ Apiguard/ Oxalic Acid

Other Comments:

Feedings

Api Go/ Ener-G-Plus/ Fresh Pollen/ HFCS-55/ Honey B Healthy/ MegaBee/ Mixed Sugar/ Vita Feed GOLD/ Vita Feed GREEN/ Pollen Patty/ Ultra Bee/ Feed Bee

Other Comments:

To-Do Items

Regular inspection date:
Inspect for weakness date:
Check queen laying pattern date:
Check queen cells date:
Check medications date:
Check feed date:

Regular inspection date:
Inspect for weakness date:
Check queen laying pattern date:
Check queen cells date:
Check medications date:
Check feed date:

Regular inspection date:
Inspect for weakness date:
Check queen laying pattern date:
Check queen cells date:
Check medications date:
Check feed date:

Regular inspection date:
Inspect for weakness date:
Check queen laying pattern date:
Check queen cells date:
Check medications date:
Check feed date:

Mark location of vital Queen Cells. Indicate areas filled by bees, nectar, honey and pollen.

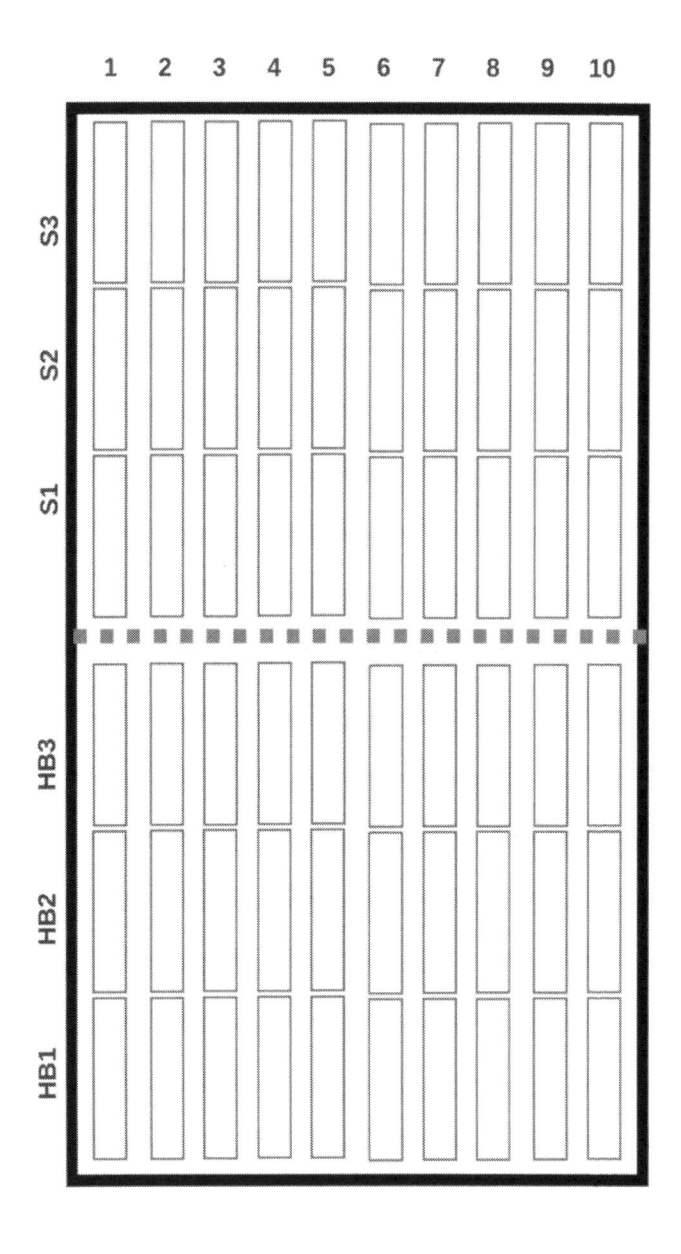

Other Notes:

Hive Name/Number:

Frame Count: **Date:**

GPS Lat: **Long:**

Hive Type: *8 frame/ Langstroth (10 frame)/ Nucleus Colony/ Top Bar*

Bee Source: *Acquired/ Cut Out/ Nuc/ Package/ Split/ Superceeded/ Swarm/ Trap Out*

Sun Exposure: *Partial Shade/ Shade/ Sunny/ Unknown*

Queen Name/Number:
Date Installed: **Queen Accepted:** Y/N
Marked: Y/N   **Clipped:** Y/N

Breed: *Adami/ Africanized/ Apis mellifera mellifera/ Buckfast/ Buckfast hybrid/ Capensis/ Carniolan/ Caucasian/ Caucasian hybrid/ Cecropia/ Cordovan/ Feral/ German Black/ Italian/ Italian hybrid/ Local/ Macedonia/ Midnight/ Minnesota Hygienic/ New Minnesota Hygienics/ New World Carniolan/ New World Carniolan hybrid/ Russian/ Russian hybrid/ Scutellata/ SMR/ Starline/ Sunkist/ Unknown/ Varroa Sensitive Hygienic (VSH)/ Yugo*

Description:

Hive State: *Active/ Combined with Other Hive/ Dead (Bear)/ Dead (CCD)/ Dead (Cold)/ Dead (Laying Workers)/ Dead (Lost Queen)/ Dead (Mites)*

Hive Strength: *Very Strong/ Strong/ Moderate/ Weak/ Very Weak*

Description:

Event Date:
Event Type: *Dead (Bear)/ Dead (CCD)/ Dead (Cold)/ Dead (Laying Workers)/ Dead (Lost Queen)/ Dead (Mites)/ Dead (Nosema)/ Dead (Other)/ Dead (Pesticides)/ Dead (Poor Wintering Conditions)/ Dead (Robbing)/ Dead (Skunk)/ Dead (Small Hive Beetle)/ Dead (Starvation)/ Dead (Unknown)/ Dead (Weak in Fall)/ Feed/ Harvest/ Medicate/ Other/ Requeen/ Swarm/ Winterize*

Harvest: **Date:**
Product: *Extracted Honey/ Honey Rounds/ Pollen/ Propolis/ Wax*
Quantity: **Units of Measure:**
Description:

Inspections

Hive: **Date:**

Sighted: *Queen/ Eggs/ Capped Brood/ Uncapped*
Temper: *Calm/ Nervous/ Angry*   **Strength:**   %
Weight: **Frames of Bees:**
Supers in Place: **Supers Added:**
Nectar Flow: Y/N   **Hive Split:** Y/N

Hive Condition

Population: *Heavy/ Moderate/ Low*
Pollen: *High/ Average/ Low*
Honey Stores: *High/Average/ Low*
Queen Cells: *Yes/No*
Laying Pattern: *Excellent/ Fair/ Poor (Spotty)*
Pattern Odor: *Normal/ Foul/ Fermented*
Equipment Condition: *Good/ Fair/ Poor/ Damaged*
Hive Condition: *Brace Comb/ Excessive Propolis/ Dead Bees/ Moisture/ Mold*
Foundation Type: *Wired Wax/ Plastic Frames/ Drone Cell/Plasticell/ Natural*

Notes:

Weather

Conditions: *Clear/ Cloudy/ Drizzle/ Fair/ Fog/ Haze/ Icy/ Light Rain/ Mostly Cloudy/ Overcast/ Partly Cloudy/ Partly Rain/ Snow Showers/ Sunny/ Thunderstorms/ Windy*

Temperature: **Humidity:** %
Wind Speed: mph   **Wind Direction:**
Pressure: *rising/ falling/ steady*

Notes:

Diseases

American Foulbrood/ Chalkbrood/ European Foulbrood/ Nosema/ Tracheal Mites/ Small Hive Beetle (Light/Moderate/ Heavy) / Varroa Mites (Light/Moderate/Heavy)

Notes:

Treatments

Api-Life VAR/ Apistan/ CheckMite+/ Formic Acid/ Fumagilin-B/ Guard Star/ Hivastan/ MAQS/ Mite-A-Thol/ Terra-Pro/ Terramycin/ Tylan/ Small Hive Beetle Traps

Coumaphos Strips/ Soil Drench/ Powder Sugar Roll/ Drone Brood Removal/ Small Cell Comb/ Brood Comb Replacement/ Apivar/ Acetic Acid/ Hop Guard/ Apiguard/ Oxalic Acid

Other Comments:

Feedings

Api Go/ Ener-G-Plus/ Fresh Pollen/ HFCS-55/ Honey B Healthy/ MegaBee/ Mixed Sugar/ Vita Feed GOLD/ Vita Feed GREEN/ Pollen Patty/ Ultra Bee/ Feed Bee

Other Comments:

To-Do Items

Regular inspection date:
Inspect for weakness date:
Check queen laying pattern date:
Check queen cells date:
Check medications date:
Check feed date:

Regular inspection date:
Inspect for weakness date:
Check queen laying pattern date:
Check queen cells date:
Check medications date:
Check feed date:

Regular inspection date:
Inspect for weakness date:
Check queen laying pattern date:
Check queen cells date:
Check medications date:
Check feed date:

Regular inspection date:
Inspect for weakness date:
Check queen laying pattern date:
Check queen cells date:
Check medications date:
Check feed date:

Mark location of vital Queen Cells. Indicate areas filled by bees, nectar, honey and pollen.

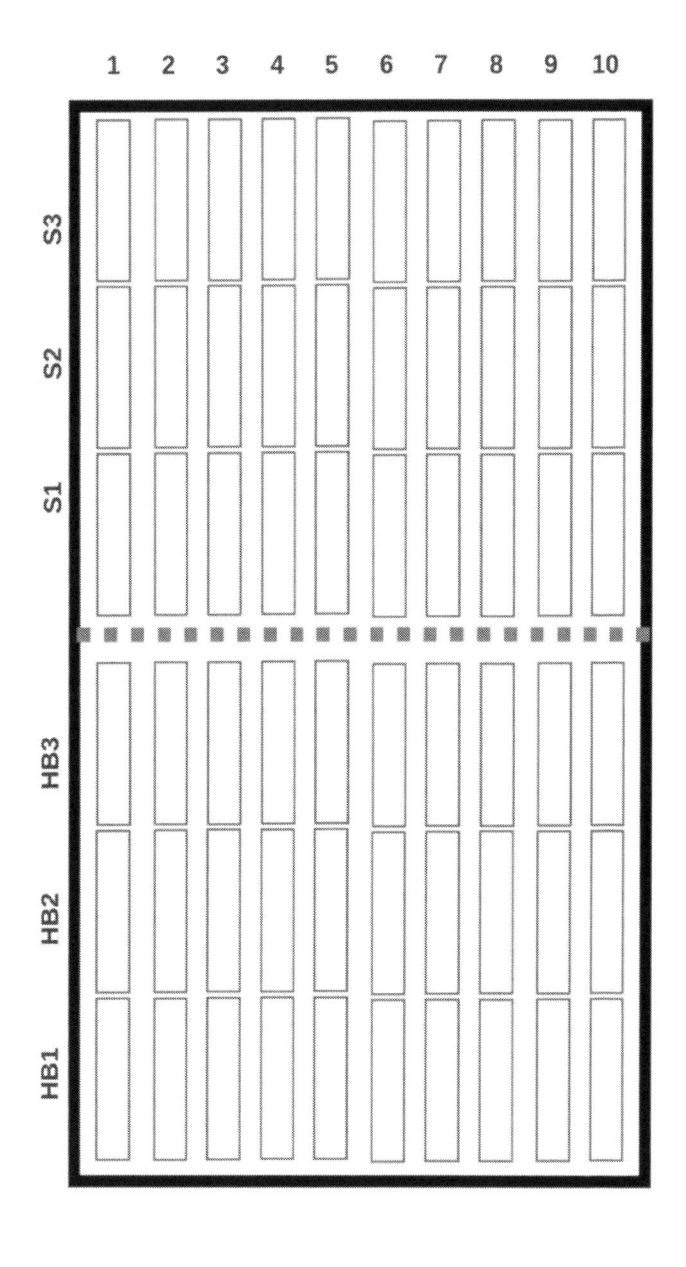

Other Notes:

Hive Name/Number:

Frame Count: **Date:**

GPS Lat: **Long:**

Hive Type: *8 frame/ Langstroth (10 frame)/ Nucleus Colony/ Top Bar*

Bee Source: *Acquired/Cut Out/Nuc/Package/ Split/ Superceeded/ Swarm/ Trap Out*

Sun Exposure: *Partial Shade/ Shade/ Sunny/ Unknown*

Queen Name/Number:
Date Installed: **Queen Accepted:** Y/N
Marked: Y/N   **Clipped:** Y/N

Breed: *Adami/Africanized/Apis mellifera mellifera/ Buckfast/ Buckfast hybrid/ Capensis/ Carniolan/ Caucasian/ Caucasian hybrid/ Cecropia/ Cordovan/ Feral/ German Black/ Italian/ Italian hybrid/ Local/ Macedonia/ Midnight/ Minnesota Hygienic/ New Minnesota Hygenics/ New World Carniolan/ New World Carniolan hybrid/ Russian/ Russian hybrid/ Scutellata/ SMR/ Starline/ Sunkist/ Unknown/ Varroa Sensitive Hygienic (VSH)/ Yugo*

Description:

Hive State: *Active/ Combined with Other Hive/ Dead (Bear)/ Dead (CCD)/ Dead (Cold)/ Dead (Laying Workers)/ Dead (Lost Queen)/ Dead (Mites)*

Hive Strength: *Very Strong/ Strong/ Moderate/ Weak/ Very Weak*

Description:

Event Date:
Event Type: *Dead (Bear)/ Dead (CCD)/ Dead (Cold)/ Dead (Laying Workers)/ Dead (Lost Queen)/ Dead (Mites)/ Dead (Nosema)/ Dead (Other)/ Dead (Pesticides)/ Dead (Poor Wintering Conditions)/ Dead (Robbing)/ Dead (Skunk)/ Dead (Small Hive Beetle)/ Dead (Starvation)/ Dead (Unknown)/ Dead (Weak in Fall)/ Feed/ Harvest/ Medicate/ Other/ Requeen/ Swarm/ Winterize*

Harvest: **Date:**
Product: *Extracted Honey/ Honey Rounds/ Pollen/ Propolis/ Wax*
Quantity: **Units of Measure:**
Description:

Inspections

Hive: Date:

Sighted: *Queen/ Eggs/ Capped Brood/ Uncapped*
Temper: *Calm/ Nervous/ Angry*   **Strength:**   %
Weight: **Frames of Bees:**
Supers in Place: **Supers Added:**
Nectar Flow: Y/N   **Hive Split:** Y/N

Hive Condition

Population: *Heavy/ Moderate/ Low*
Pollen: *High/ Average/ Low*
Honey Stores: *High/ Average/ Low*
Queen Cells: *Yes/No*
Laying Pattern: *Excellent/ Fair/ Poor (Spotty)*
Pattern Odor: *Normal/ Foul/ Fermented*
Equipment Condition: *Good/ Fair/ Poor/ Damaged*
Hive Condition: *Brace Comb/ Excessive Propolis/ Dead Bees/ Moisture/ Mold*
Foundation Type: *Wired Wax/ Plastic Frames/ Drone Cell/Plasticell/ Natural*

Notes:

Weather

Conditions: *Clear/ Cloudy/ Drizzle/ Fair/ Fog/ Haze/ Icy/ Light Rain/ Mostly Cloudy/ Overcast/ Partly Cloudy/ Partly Rain/ Snow Showers/ Sunny/ Thunderstorms/ Windy*

Temperature: **Humidity:** %
Wind Speed: mph   **Wind Direction:**
Pressure: *rising/ falling/ steady*

Notes:

Diseases

American Foulbrood/ Chalkbrood/ European Foulbrood/ Nosema/ Tracheal Mites/ Small Hive Beetle (Light/Moderate/ Heavy) / Varroa Mites (Light/Moderate/Heavy)

Notes:

Treatments

Api-Life VAR/ Apistan/ CheckMite+/ Formic Acid/ Fumagilin-B/ Guard Star/ Hivastan/ MAQS/ Mite-A-Thol/ Terra-Pro/ Terramycin/ Tylan/ Small Hive Beetle Traps

Coumaphos Strips/ Soil Drench/ Powder Sugar Roll/ Drone Brood Removal/ Small Cell Comb/ Brood Comb Replacement/ Apivar/ Acetic Acid/ Hop Guard/ Apiguard/ Oxalic Acid

Other Comments:

Feedings

Api Go/ Ener-G-Plus/ Fresh Pollen/ HFCS-55/ Honey B Healthy/ MegaBee/ Mixed Sugar/ Vita Feed GOLD/ Vita Feed GREEN/ Pollen Patty/ Ultra Bee/ Feed Bee

Other Comments:

To-Do Items

Regular inspection date:
Inspect for weakness date:
Check queen laying pattern date:
Check queen cells date:
Check medications date:
Check feed date:

Regular inspection date:
Inspect for weakness date:
Check queen laying pattern date:
Check queen cells date:
Check medications date:
Check feed date:

Regular inspection date:
Inspect for weakness date:
Check queen laying pattern date:
Check queen cells date:
Check medications date:
Check feed date:

Regular inspection date:
Inspect for weakness date:
Check queen laying pattern date:
Check queen cells date:
Check medications date:
Check feed date:

Mark location of vital Queen Cells. Indicate areas filled by bees, nectar, honey and pollen.

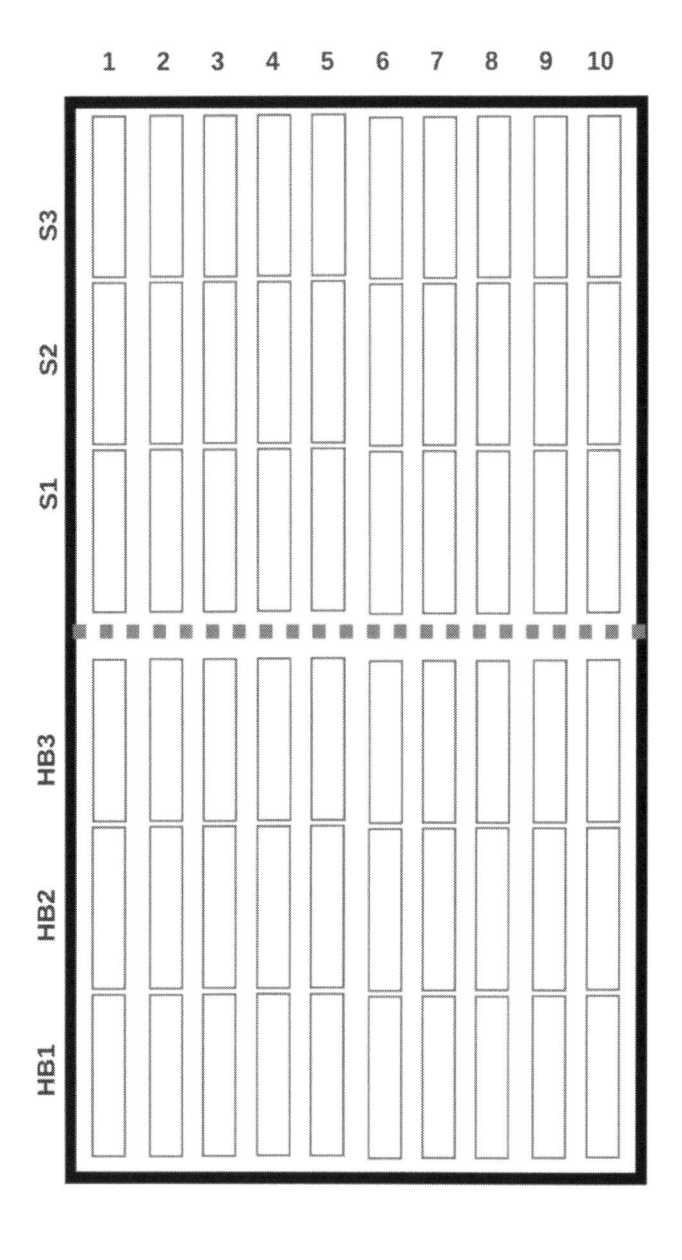

Other Notes:

Hive Name/Number:

Frame Count: **Date:**

GPS Lat: **Long:**

Hive Type: *8 frame/ Langstroth (10 frame)/ Nucleus Colony/ Top Bar*

Bee Source: *Acquired/Cut Out/Nuc/Package/ Split/ Superceeded/ Swarm/ Trap Out*

Sun Exposure: *Partial Shade/ Shade/ Sunny/ Unknown*

Queen Name/Number:
Date Installed: **Queen Accepted:** Y/N
Marked: Y/N   **Clipped:** Y/N

Breed: *Adami/Africanized/Apis mellifera mellifera/ Buckfast/ Buckfast hybrid/ Capensis/ Carniolan/ Caucasian/ Caucasian hybrid/ Cecropia/ Cordovan/ Feral/ German Black/ Italian/ Italian hybrid/ Local/ Macedonia/ Midnight/ Minnesota Hygienic/ New Minnesota Hygenics/ New World Carniolan/ New World Carniolan hybrid/ Russian/ Russian hybrid/ Scutellata/ SMR/ Starline/ Sunkist/ Unknown/ Varroa Sensitive Hygienic (VSH)/ Yugo*

Description:

Hive State: *Active/ Combined with Other Hive/ Dead (Bear)/ Dead (CCD)/ Dead (Cold)/ Dead (Laying Workers)/ Dead (Lost Queen)/ Dead (Mites)*

Hive Strength: *Very Strong/ Strong/ Moderate/ Weak/ Very Weak*

Description:

Event Date:
Event Type: *Dead (Bear)/ Dead (CCD)/ Dead (Cold)/ Dead (Laying Workers)/ Dead (Lost Queen)/ Dead (Mites)/ Dead (Nosema)/ Dead (Other)/ Dead (Pesticides)/ Dead (Poor Wintering Conditions)/ Dead (Robbing)/ Dead (Skunk)/ Dead (Small Hive Beetle)/ Dead (Starvation)/ Dead (Unknown)/ Dead (Weak in Fall)/ Feed/ Harvest/ Medicate/ Other/ Requeen/ Swarm/ Winterize*

Harvest: **Date:**
Product: *Extracted Honey/ Honey Rounds/ Pollen/ Propolis/ Wax*
Quantity: **Units of Measure:**
Description:

Inspections

Hive: **Date:**

Sighted: *Queen/ Eggs/ Capped Brood/ Uncapped*
Temper: *Calm/ Nervous/ Angry*   **Strength:**   %
Weight: **Frames of Bees:**
Supers in Place: **Supers Added:**
Nectar Flow: Y/N   **Hive Split:** Y/N

Hive Condition

Population: *Heavy/ Moderate/ Low*
Pollen: *High/ Average/ Low*
Honey Stores: *High/Average/ Low*
Queen Cells: *Yes/No*
Laying Pattern: *Excellent/ Fair/ Poor (Spotty)*
Pattern Odor: *Normal/ Foul/ Fermented*
Equipment Condition: *Good/ Fair/ Poor/ Damaged*
Hive Condition: *Brace Comb/ Excessive Propolis/ Dead Bees/ Moisture/ Mold*
Foundation Type: *Wired Wax/ Plastic Frames/ Drone Cell/Plasticell/ Natural*

Notes:

Weather

Conditions: *Clear/ Cloudy/ Drizzle/ Fair/ Fog/ Haze/ Icy/ Light Rain/ Mostly Cloudy/ Overcast/ Partly Cloudy/ Partly Rain/ Snow Showers/ Sunny/ Thunderstorms/ Windy*

Temperature: **Humidity:**   %
Wind Speed: mph   **Wind Direction:**
Pressure: *rising/ falling/ steady*

Notes:

Diseases

American Foulbrood/ Chalkbrood/ European Foulbrood/ Nosema/ Tracheal Mites/ Small Hive Beetle (Light/Moderate/ Heavy) / Varroa Mites (Light/Moderate/Heavy)

Notes:

Treatments

Api-Life VAR/ Apistan/ CheckMite+/ Formic Acid/ Fumagilin-B/ Guard Star/ Hivastan/ MAQS/ Mite-A-Thol/ Terra-Pro/ Terramycin/ Tylan/ Small Hive Beetle Traps

Coumaphos Strips/ Soil Drench/ Powder Sugar Roll/ Drone Brood Removal/ Small Cell Comb/ Brood Comb Replacement/ Apivar/ Acetic Acid/ Hop Guard/ Apiguard/ Oxalic Acid

Other Comments:

Feedings

Api Go/ Ener-G-Plus/ Fresh Pollen/ HFCS-55/ Honey B Healthy/ MegaBee/ Mixed Sugar/ Vita Feed GOLD/ Vita Feed GREEN/ Pollen Patty/ Ultra Bee/ Feed Bee

Other Comments:

To-Do Items

Regular inspection date:
Inspect for weakness date:
Check queen laying pattern date:
Check queen cells date:
Check medications date:
Check feed date:

Regular inspection date:
Inspect for weakness date:
Check queen laying pattern date:
Check queen cells date:
Check medications date:
Check feed date:

Regular inspection date:
Inspect for weakness date:
Check queen laying pattern date:
Check queen cells date:
Check medications date:
Check feed date:

Regular inspection date:
Inspect for weakness date:
Check queen laying pattern date:
Check queen cells date:
Check medications date:
Check feed date:

Mark location of vital Queen Cells. Indicate areas filled by bees, nectar, honey and pollen.

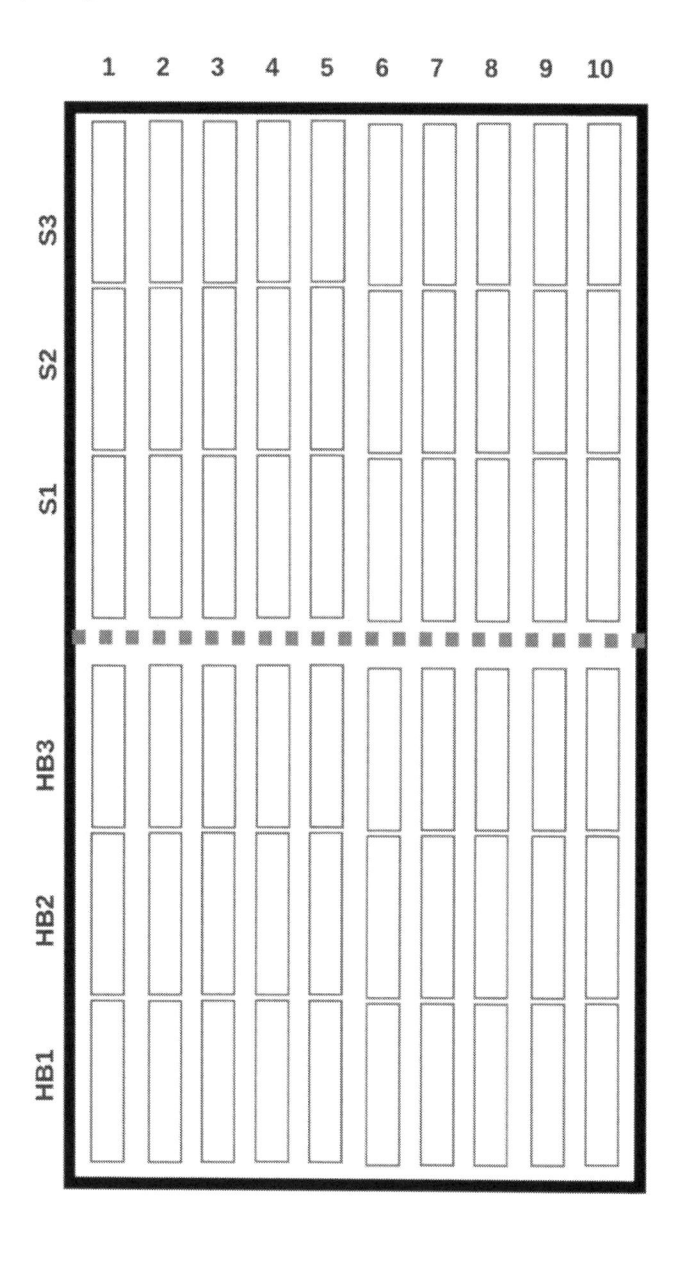

Other Notes:

Hive Name/Number:

Frame Count: **Date:**

GPS Lat: **Long:**

Hive Type: *8 frame/ Langstroth (10 frame)/ Nucleus Colony/ Top Bar*

Bee Source: *Acquired/Cut Out/Nuc/Package/ Split/ Superceeded/ Swarm/ Trap Out*

Sun Exposure: *Partial Shade/ Shade/ Sunny/ Unknown*

Queen Name/Number:
Date Installed: **Queen Accepted:** Y/N
Marked: Y/N **Clipped:** Y/N

Breed: *Adami/Africanized/Apis mellifera mellifera/ Buckfast/ Buckfast hybrid/ Capensis/ Carniolan/ Caucasian/ Caucasian hybrid/ Cecropia/ Cordovan/ Feral/ German Black/ Italian/ Italian hybrid/ Local/ Macedonia/ Midnight/ Minnesota Hygienic/ New Minnesota Hygenics/ New World Carniolan/ New World Carniolan hybrid/ Russian/ Russian hybrid/ Scutellata/ SMR/ Starline/ Sunkist/ Unknown/ Varroa Sensitive Hygienic (VSH)/ Yugo*

Description:

Hive State: *Active/ Combined with Other Hive/ Dead (Bear)/ Dead (CCD)/ Dead (Cold)/ Dead (Laying Workers)/ Dead (Lost Queen)/ Dead (Mites)*

Hive Strength: *Very Strong/ Strong/ Moderate/ Weak/ Very Weak*

Description:

Event Date:
Event Type: *Dead (Bear)/ Dead (CCD)/ Dead (Cold)/ Dead (Laying Workers)/ Dead (Lost Queen)/ Dead (Mites)/ Dead (Nosema)/ Dead (Other)/ Dead (Pesticides)/ Dead (Poor Wintering Conditions)/ Dead (Robbing)/ Dead (Skunk)/ Dead (Small Hive Beetle)/ Dead (Starvation)/ Dead (Unknown)/ Dead (Weak in Fall)/ Feed/ Harvest/ Medicate/ Other/ Requeen/ Swarm/ Winterize*

Harvest: **Date:**
Product: *Extracted Honey/ Honey Rounds/ Pollen/ Propolis/ Wax*
Quantity: **Units of Measure:**
Description:

Inspections

Hive: **Date:**

Sighted: *Queen/ Eggs/ Capped Brood/ Uncapped*
Temper: *Calm/ Nervous/ Angry*   **Strength:**   %
Weight: **Frames of Bees:**
Supers in Place: **Supers Added:**
Nectar Flow: Y/N   **Hive Split:** Y/N

Hive Condition

Population: *Heavy/ Moderate/ Low*
Pollen: *High/ Average/ Low*
Honey Stores: *High/Average/ Low*
Queen Cells: *Yes/No*
Laying Pattern: *Excellent/ Fair/ Poor (Spotty)*
Pattern Odor: *Normal/ Foul/ Fermented*
Equipment Condition: *Good/ Fair/ Poor/ Damaged*
Hive Condition: *Brace Comb/ Excessive Propolis/ Dead Bees/ Moisture/ Mold*
Foundation Type: *Wired Wax/ Plastic Frames/ Drone Cell/Plasticell/ Natural*

Notes:

Weather

Conditions: *Clear/ Cloudy/ Drizzle/ Fair/ Fog/ Haze/ Icy/ Light Rain/ Mostly Cloudy/ Overcast/ Partly Cloudy/ Partly Rain/ Snow Showers/ Sunny/ Thunderstorms/ Windy*

Temperature: **Humidity:** %
Wind Speed: mph   **Wind Direction:**
Pressure: *rising/ falling/ steady*

Notes:

Diseases

American Foulbrood/ Chalkbrood/ European Foulbrood/ Nosema/ Tracheal Mites/ Small Hive Beetle (Light/Moderate/ Heavy) / Varroa Mites (Light/Moderate/Heavy)

Notes:

Treatments

Api-Life VAR/ Apistan/ CheckMite+/ Formic Acid/ Fumagilin-B/ Guard Star/ Hivastan/ MAQS/ Mite-A-Thol/ Terra-Pro/ Terramycin/ Tylan/ Small Hive Beetle Traps

Coumaphos Strips/ Soil Drench/ Powder Sugar Roll/ Drone Brood Removal/ Small Cell Comb/ Brood Comb Replacement/ Apivar/ Acetic Acid/ Hop Guard/ Apiguard/ Oxalic Acid

Other Comments:

Feedings

Api Go/ Ener-G-Plus/ Fresh Pollen/ HFCS-55/ Honey B Healthy/ MegaBee/ Mixed Sugar/ Vita Feed GOLD/ Vita Feed GREEN/ Pollen Patty/ Ultra Bee/ Feed Bee

Other Comments:

To-Do Items

Regular inspection date:
Inspect for weakness date:
Check queen laying pattern date:
Check queen cells date:
Check medications date:
Check feed date:

Regular inspection date:
Inspect for weakness date:
Check queen laying pattern date:
Check queen cells date:
Check medications date:
Check feed date:

Regular inspection date:
Inspect for weakness date:
Check queen laying pattern date:
Check queen cells date:
Check medications date:
Check feed date:

Regular inspection date:
Inspect for weakness date:
Check queen laying pattern date:
Check queen cells date:
Check medications date:
Check feed date:

Mark location of vital Queen Cells. Indicate areas filled by bees, nectar, honey and pollen.

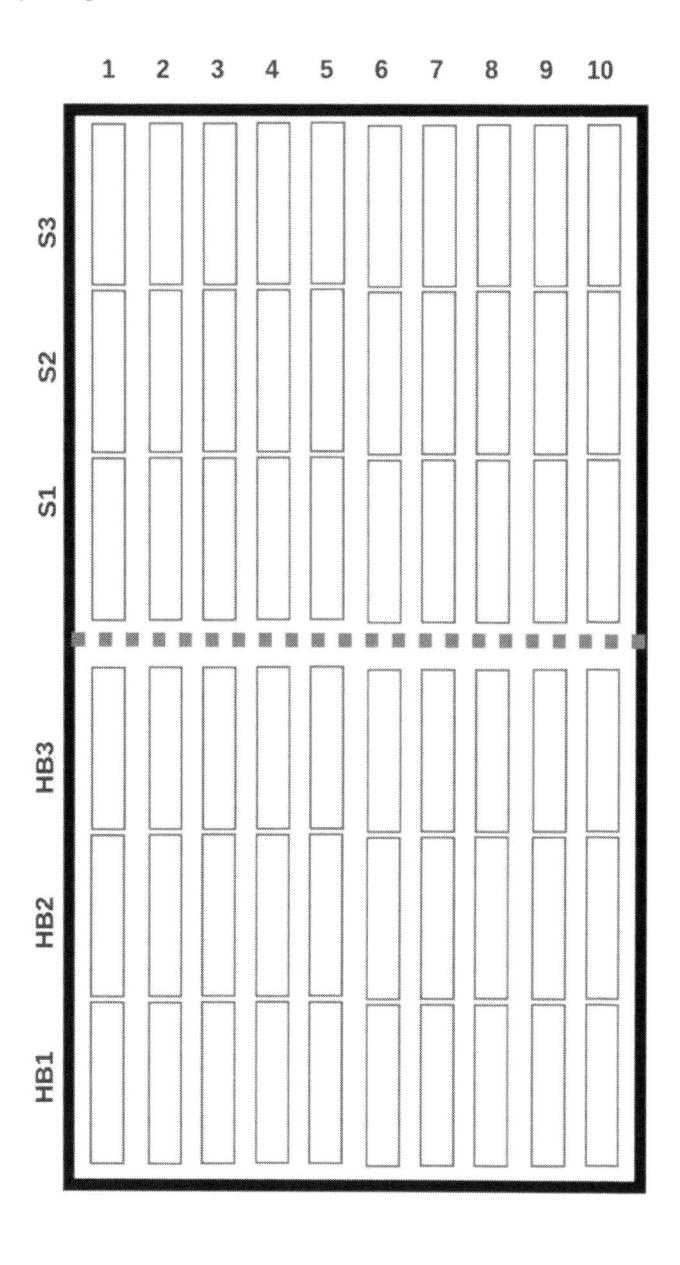

Other Notes:

Hive Name/Number:

Frame Count: **Date:**

GPS Lat: **Long:**

Hive Type: *8 frame/ Langstroth (10 frame)/ Nucleus Colony/ Top Bar*

Bee Source: *Acquired/Cut Out/Nuc/Package/ Split/ Superceeded/ Swarm/ Trap Out*

Sun Exposure: *Partial Shade/ Shade/ Sunny/ Unknown*

Queen Name/Number:
Date Installed: **Queen Accepted:** Y/N
Marked: Y/N   **Clipped:** Y/N

Breed: *Adami/ Africanized/ Apis mellifera mellifera/ Buckfast/ Buckfast hybrid/ Capensis/ Carniolan/ Caucasian/ Caucasian hybrid/ Cecropia/ Cordovan/ Feral/ German Black/ Italian/ Italian hybrid/ Local/ Macedonia/ Midnight/ Minnesota Hygienic/ New Minnesota Hygenics/ New World Carniolan/ New World Carniolan hybrid/ Russian/ Russian hybrid/ Scutellata/ SMR/ Starline/ Sunkist/ Unknown/ Varroa Sensitive Hygienic (VSH)/ Yugo*

Description:

Hive State: *Active/ Combined with Other Hive/ Dead (Bear)/ Dead (CCD)/ Dead (Cold)/ Dead (Laying Workers)/ Dead (Lost Queen)/ Dead (Mites)*

Hive Strength: *Very Strong/ Strong/ Moderate/ Weak/ Very Weak*

Description:

Event Date:
Event Type: *Dead (Bear)/ Dead (CCD)/ Dead (Cold)/ Dead (Laying Workers)/ Dead (Lost Queen)/ Dead (Mites)/ Dead (Nosema)/ Dead (Other)/ Dead (Pesticides)/ Dead (Poor Wintering Conditions)/ Dead (Robbing)/ Dead (Skunk)/ Dead (Small Hive Beetle)/ Dead (Starvation)/ Dead (Unknown)/ Dead (Weak in Fall)/ Feed/ Harvest/ Medicate/ Other/ Requeen/ Swarm/ Winterize*

Harvest: **Date:**
Product: *Extracted Honey/ Honey Rounds/ Pollen/ Propolis/ Wax*
Quantity: **Units of Measure:**
Description:

Inspections

Hive: **Date:**

Sighted: *Queen/ Eggs/ Capped Brood/ Uncapped*
Temper: *Calm/ Nervous/ Angry*   **Strength:**   %
Weight: **Frames of Bees:**
Supers in Place: **Supers Added:**
Nectar Flow: Y/N   **Hive Split:** Y/N

Hive Condition

Population: *Heavy/ Moderate/ Low*
Pollen: *High/ Average/ Low*
Honey Stores: *High/Average/ Low*
Queen Cells: *Yes/No*
Laying Pattern: *Excellent/ Fair/ Poor (Spotty)*
Pattern Odor: *Normal/ Foul/ Fermented*
Equipment Condition: *Good/ Fair/ Poor/ Damaged*
Hive Condition: *Brace Comb/ Excessive Propolis/ Dead Bees/ Moisture/ Mold*
Foundation Type: *Wired Wax/ Plastic Frames/ Drone Cell/Plasticell/ Natural*

Notes:

Weather

Conditions: *Clear/ Cloudy/ Drizzle/ Fair/ Fog/ Haze/ Icy/ Light Rain/ Mostly Cloudy/ Overcast/ Partly Cloudy/ Partly Rain/ Snow Showers/ Sunny/ Thunderstorms/ Windy*

Temperature: **Humidity:**   %
Wind Speed: mph   **Wind Direction:**
Pressure: *rising/ falling/ steady*

Notes:

Diseases

American Foulbrood/ Chalkbrood/ European Foulbrood/ Nosema/ Tracheal Mites/ Small Hive Beetle (Light/Moderate/ Heavy) / Varroa Mites (Light/Moderate/Heavy)

Notes:

Treatments

Api-Life VAR/ Apistan/ CheckMite+/ Formic Acid/ Fumagilin-B/ Guard Star/ Hivastan/ MAQS/ Mite-A-Thol/ Terra-Pro/ Terramycin/ Tylan/ Small Hive Beetle Traps

Coumaphos Strips/ Soil Drench/ Powder Sugar Roll/ Drone Brood Removal/ Small Cell Comb/ Brood Comb Replacement/ Apivar/ Acetic Acid/ Hop Guard/ Apiguard/ Oxalic Acid

Other Comments:

Feedings

Api Go/ Ener-G-Plus/ Fresh Pollen/ HFCS-55/ Honey B Healthy/ MegaBee/ Mixed Sugar/ Vita Feed GOLD/ Vita Feed GREEN/ Pollen Patty/ Ultra Bee/ Feed Bee

Other Comments:

To-Do Items

Regular inspection date:
Inspect for weakness date:
Check queen laying pattern date:
Check queen cells date:
Check medications date:
Check feed date:

Regular inspection date:
Inspect for weakness date:
Check queen laying pattern date:
Check queen cells date:
Check medications date:
Check feed date:

Regular inspection date:
Inspect for weakness date:
Check queen laying pattern date:
Check queen cells date:
Check medications date:
Check feed date:

Regular inspection date:
Inspect for weakness date:
Check queen laying pattern date:
Check queen cells date:
Check medications date:
Check feed date:

Mark location of vital Queen Cells. Indicate areas filled by bees, nectar, honey and pollen.

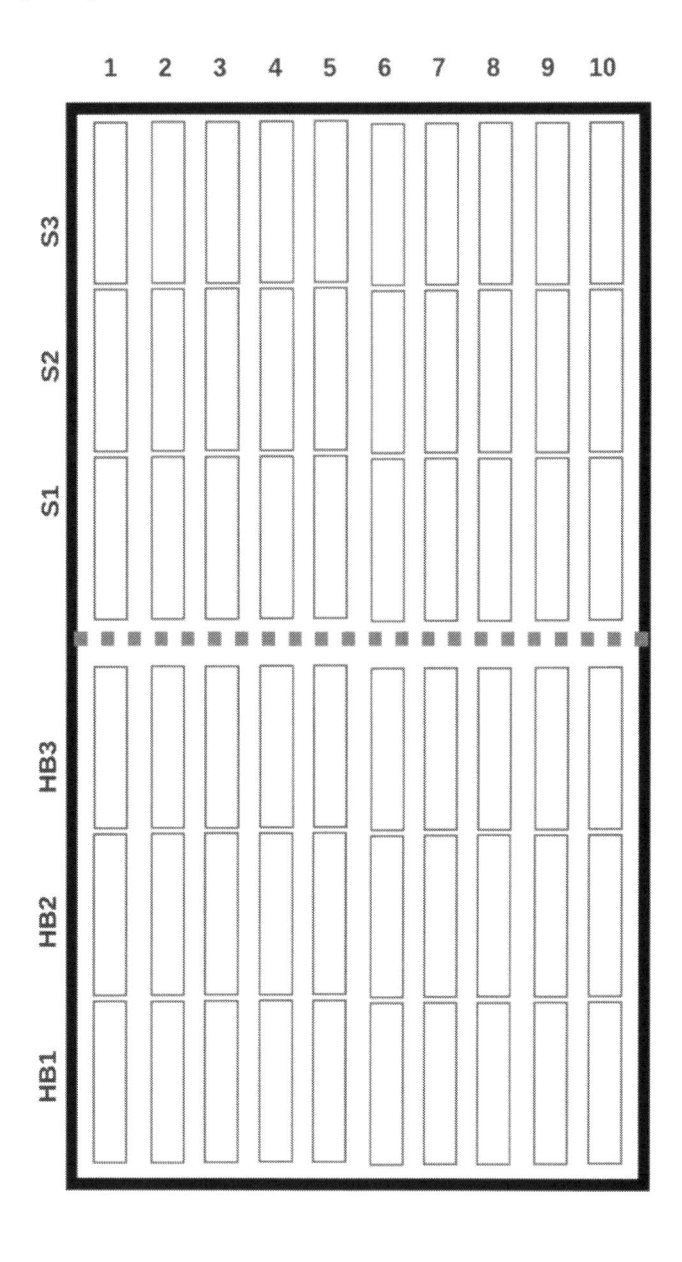

Other Notes:

Hive Name/Number:

Frame Count: **Date:**

GPS Lat: **Long:**

Hive Type: *8 frame/ Langstroth (10 frame)/ Nucleus Colony/ Top Bar*

Bee Source: *Acquired/Cut Out/Nuc/Package/ Split/ Superceeded/ Swarm/ Trap Out*

Sun Exposure: *Partial Shade/ Shade/ Sunny/ Unknown*

Queen Name/Number:
Date Installed: **Queen Accepted:** Y/N
Marked: Y/N   **Clipped:** Y/N

Breed: *Adami/Africanized/Apis mellifera mellifera/ Buckfast/ Buckfast hybrid/ Capensis/ Carniolan/ Caucasian/ Caucasian hybrid/ Cecropia/ Cordovan/ Feral/ German Black/ Italian/ Italian hybrid/ Local/ Macedonia/ Midnight/ Minnesota Hygienic/ New Minnesota Hygenics/ New World Carniolan/ New World Carniolan hybrid/ Russian/ Russian hybrid/ Scutellata/ SMR/ Starline/ Sunkist/ Unknown/ Varroa Sensitive Hygienic (VSH)/ Yugo*

Description:

Hive State: *Active/ Combined with Other Hive/ Dead (Bear)/ Dead (CCD)/ Dead (Cold)/ Dead (Laying Workers)/ Dead (Lost Queen)/ Dead (Mites)*

Hive Strength: *Very Strong/ Strong/ Moderate/ Weak/ Very Weak*

Description:

Event Date:
Event Type: *Dead (Bear)/ Dead (CCD)/ Dead (Cold)/ Dead (Laying Workers)/ Dead (Lost Queen)/ Dead (Mites)/ Dead (Nosema)/ Dead (Other)/ Dead (Pesticides)/ Dead (Poor Wintering Conditions)/ Dead (Robbing)/ Dead (Skunk)/ Dead (Small Hive Beetle)/ Dead (Starvation)/ Dead (Unknown)/ Dead (Weak in Fall)/ Feed/ Harvest/ Medicate/ Other/ Requeen/ Swarm/ Winterize*

Harvest: **Date:**
Product: *Extracted Honey/ Honey Rounds/ Pollen/ Propolis/ Wax*
Quantity: **Units of Measure:**
Description:

Inspections

Hive: **Date:**

Sighted: *Queen/ Eggs/ Capped Brood/ Uncapped*
Temper: *Calm/ Nervous/ Angry*   **Strength:**   %
Weight: **Frames of Bees:**
Supers in Place: **Supers Added:**
Nectar Flow: Y/N   **Hive Split:** Y/N

Hive Condition

Population: *Heavy/ Moderate/ Low*
Pollen: *High/ Average/ Low*
Honey Stores: *High/Average/ Low*
Queen Cells: *Yes/No*
Laying Pattern: *Excellent/ Fair/ Poor (Spotty)*
Pattern Odor: *Normal/ Foul/ Fermented*
Equipment Condition: *Good/ Fair/ Poor/ Damaged*
Hive Condition: *Brace Comb/ Excessive Propolis/ Dead Bees/ Moisture/ Mold*
Foundation Type: *Wired Wax/ Plastic Frames/ Drone Cell/Plasticell/ Natural*

Notes:

Weather

Conditions: *Clear/ Cloudy/ Drizzle/ Fair/ Fog/ Haze/ Icy/ Light Rain/ Mostly Cloudy/ Overcast/ Partly Cloudy/ Partly Rain/ Snow Showers/ Sunny/ Thunderstorms/ Windy*

Temperature: **Humidity:** %
Wind Speed: mph   **Wind Direction:**
Pressure: *rising/ falling/ steady*

Notes:

Diseases

American Foulbrood/ Chalkbrood/ European Foulbrood/ Nosema/ Tracheal Mites/ Small Hive Beetle (Light/Moderate/ Heavy) / Varroa Mites (Light/Moderate/Heavy)

Notes:

Treatments

Api-Life VAR/ Apistan/ CheckMite+/ Formic Acid/ Fumagilin-B/ Guard Star/ Hivastan/ MAQS/ Mite-A-Thol/ Terra-Pro/ Terramycin/ Tylan/ Small Hive Beetle Traps

Coumaphos Strips/ Soil Drench/ Powder Sugar Roll/ Drone Brood Removal/ Small Cell Comb/ Brood Comb Replacement/ Apivar/ Acetic Acid/ Hop Guard/ Apiguard/ Oxalic Acid

Other Comments:

Feedings

Api Go/ Ener-G-Plus/ Fresh Pollen/ HFCS-55/ Honey B Healthy/ MegaBee/ Mixed Sugar/ Vita Feed GOLD/ Vita Feed GREEN/ Pollen Patty/ Ultra Bee/ Feed Bee

Other Comments:

To-Do Items

Regular inspection date:
Inspect for weakness date:
Check queen laying pattern date:
Check queen cells date:
Check medications date:
Check feed date:

Regular inspection date:
Inspect for weakness date:
Check queen laying pattern date:
Check queen cells date:
Check medications date:
Check feed date:

Regular inspection date:
Inspect for weakness date:
Check queen laying pattern date:
Check queen cells date:
Check medications date:
Check feed date:

Regular inspection date:
Inspect for weakness date:
Check queen laying pattern date:
Check queen cells date:
Check medications date:
Check feed date:

Mark location of vital Queen Cells. Indicate areas filled by bees, nectar, honey and pollen.

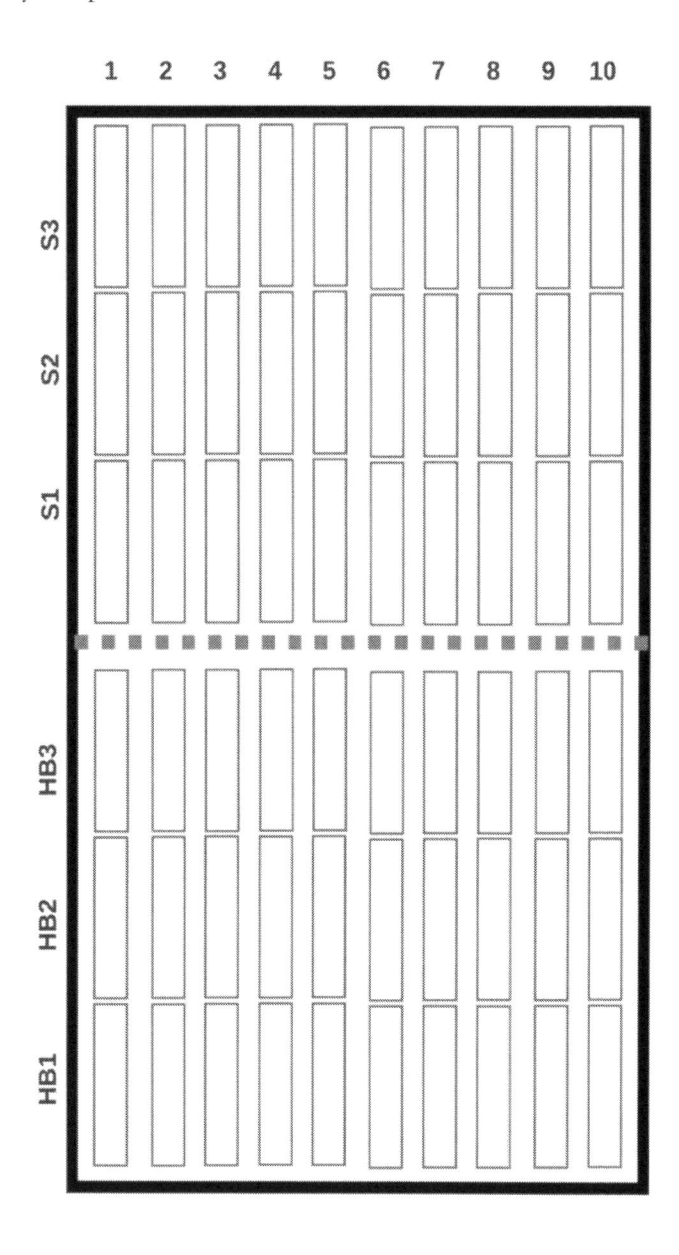

Other Notes:

Hive Name/Number:

Frame Count: **Date:**

GPS Lat: **Long:**

Hive Type: *8 frame/ Langstroth (10 frame)/ Nucleus Colony/ Top Bar*

Bee Source: *Acquired/Cut Out/Nuc/Package/ Split/ Superceeded/ Swarm/ Trap Out*

Sun Exposure: *Partial Shade/ Shade/ Sunny/ Unknown*

Queen Name/Number:
Date Installed: **Queen Accepted:** Y/N
Marked: Y/N   **Clipped:** Y/N

Breed: *Adami/Africanized/Apis mellifera mellifera/ Buckfast/ Buckfast hybrid/ Capensis/ Carniolan/ Caucasian/ Caucasian hybrid/ Cecropia/ Cordovan/ Feral/ German Black/ Italian/ Italian hybrid/ Local/ Macedonia/ Midnight/ Minnesota Hygienic/ New Minnesota Hygenics/ New World Carniolan/ New World Carniolan hybrid/ Russian/ Russian hybrid/ Scutellata/ SMR/ Starline/ Sunkist/ Unknown/ Varroa Sensitive Hygienic (VSH)/ Yugo*

Description:

Hive State: *Active/ Combined with Other Hive/ Dead (Bear)/ Dead (CCD)/ Dead (Cold)/ Dead (Laying Workers)/ Dead (Lost Queen)/ Dead (Mites)*

Hive Strength: *Very Strong/ Strong/ Moderate/ Weak/ Very Weak*

Description:

Event Date:
Event Type: *Dead (Bear)/ Dead (CCD)/ Dead (Cold)/ Dead (Laying Workers)/ Dead (Lost Queen)/ Dead (Mites)/ Dead (Nosema)/ Dead (Other)/ Dead (Pesticides)/ Dead (Poor Wintering Conditions)/ Dead (Robbing)/ Dead (Skunk)/ Dead (Small Hive Beetle)/ Dead (Starvation)/ Dead (Unknown)/ Dead (Weak in Fall)/ Feed/ Harvest/ Medicate/ Other/ Requeen/ Swarm/ Winterize*

Harvest: **Date:**
Product: *Extracted Honey/ Honey Rounds/ Pollen/ Propolis/ Wax*
Quantity: **Units of Measure:**
Description:

Inspections

Hive: Date:

Sighted: *Queen/ Eggs/ Capped Brood/ Uncapped*
Temper: *Calm/ Nervous/ Angry*   **Strength:**   %
Weight: **Frames of Bees:**
Supers in Place: **Supers Added:**
Nectar Flow: Y/N   **Hive Split:** Y/N

Hive Condition

Population: *Heavy/ Moderate/ Low*
Pollen: *High/ Average/ Low*
Honey Stores: *High/Average/ Low*
Queen Cells: *Yes/No*
Laying Pattern: *Excellent/ Fair/ Poor (Spotty)*
Pattern Odor: *Normal/ Foul/ Fermented*
Equipment Condition: *Good/ Fair/ Poor/ Damaged*
Hive Condition: *Brace Comb/ Excessive Propolis/ Dead Bees/ Moisture/ Mold*
Foundation Type: *Wired Wax/ Plastic Frames/ Drone Cell/Plasticell/ Natural*

Notes:

Weather

Conditions: *Clear/ Cloudy/ Drizzle/ Fair/ Fog/ Haze/ Icy/ Light Rain/ Mostly Cloudy/ Overcast/ Partly Cloudy/ Partly Rain/ Snow Showers/ Sunny/ Thunderstorms/ Windy*

Temperature: **Humidity:** %
Wind Speed: mph   **Wind Direction:**
Pressure: *rising/ falling/ steady*

Notes:

Diseases

American Foulbrood/ Chalkbrood/ European Foulbrood/ Nosema/ Tracheal Mites/ Small Hive Beetle (Light/Moderate/ Heavy) / Varroa Mites (Light/Moderate/Heavy)

Notes:

Treatments

Api-Life VAR/ Apistan/ CheckMite+/ Formic Acid/ Fumagilin-B/ Guard Star/ Hivastan/ MAQS/ Mite-A-Thol/ Terra-Pro/ Terramycin/ Tylan/ Small Hive Beetle Traps

Coumaphos Strips/ Soil Drench/ Powder Sugar Roll/ Drone Brood Removal/ Small Cell Comb/ Brood Comb Replacement/ Apivar/ Acetic Acid/ Hop Guard/ Apiguard/ Oxalic Acid

Other Comments:

Feedings

Api Go/ Ener-G-Plus/ Fresh Pollen/ HFCS-55/ Honey B Healthy/ MegaBee/ Mixed Sugar/ Vita Feed GOLD/ Vita Feed GREEN/ Pollen Patty/ Ultra Bee/ Feed Bee

Other Comments:

To-Do Items

Regular inspection date:
Inspect for weakness date:
Check queen laying pattern date:
Check queen cells date:
Check medications date:
Check feed date:

Regular inspection date:
Inspect for weakness date:
Check queen laying pattern date:
Check queen cells date:
Check medications date:
Check feed date:

Regular inspection date:
Inspect for weakness date:
Check queen laying pattern date:
Check queen cells date:
Check medications date:
Check feed date:

Regular inspection date:
Inspect for weakness date:
Check queen laying pattern date:
Check queen cells date:
Check medications date:
Check feed date:

Mark location of vital Queen Cells. Indicate areas filled by bees, nectar, honey and pollen.

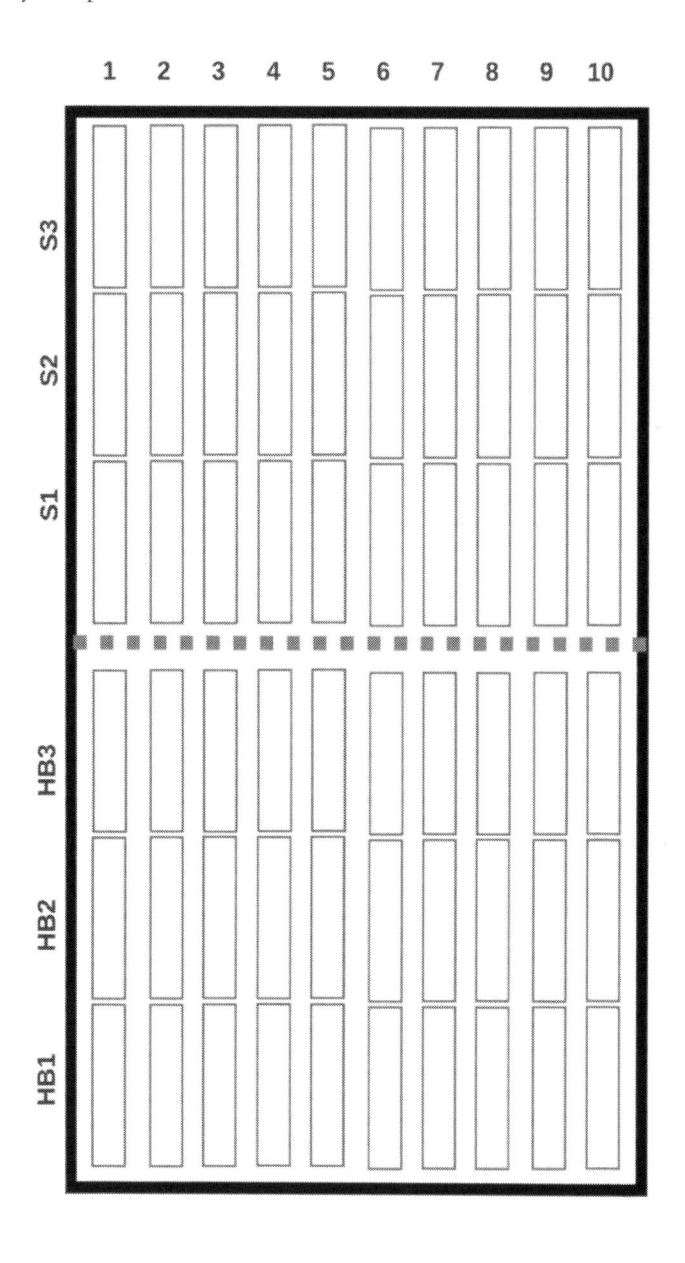

	1	2	3	4	5	6	7	8	9	10
S3										
S2										
S1										
HB3										
HB2										
HB1										

Other Notes:

Hive Name/Number:

Frame Count: **Date:**

GPS Lat: **Long:**

Hive Type: *8 frame/ Langstroth (10 frame)/ Nucleus Colony/ Top Bar*

Bee Source: *Acquired/Cut Out/Nuc/Package/ Split/ Superceeded/ Swarm/ Trap Out*

Sun Exposure: *Partial Shade/ Shade/ Sunny/ Unknown*

Queen Name/Number:
Date Installed: **Queen Accepted:** Y/N
Marked: Y/N   **Clipped:** Y/N

Breed: *Adami/Africanized/Apis mellifera mellifera/ Buckfast/ Buckfast hybrid/ Capensis/ Carniolan/ Caucasian/ Caucasian hybrid/ Cecropia/ Cordovan/ Feral/ German Black/ Italian/ Italian hybrid/ Local/ Macedonia/ Midnight/ Minnesota Hygienic/ New Minnesota Hygenics/ New World Carniolan/ New World Carniolan hybrid/ Russian/ Russian hybrid/ Scutellata/ SMR/ Starline/ Sunkist/ Unknown/ Varroa Sensitive Hygienic (VSH)/ Yugo*

Description:

Hive State: *Active/ Combined with Other Hive/ Dead (Bear)/ Dead (CCD)/ Dead (Cold)/ Dead (Laying Workers)/ Dead (Lost Queen)/ Dead (Mites)*

Hive Strength: *Very Strong/ Strong/ Moderate/ Weak/ Very Weak*

Description:

Event Date:
Event Type: *Dead (Bear)/ Dead (CCD)/ Dead (Cold)/ Dead (Laying Workers)/ Dead (Lost Queen)/ Dead (Mites)/ Dead (Nosema)/ Dead (Other)/ Dead (Pesticides)/ Dead (Poor Wintering Conditions)/ Dead (Robbing)/ Dead (Skunk)/ Dead (Small Hive Beetle)/ Dead (Starvation)/ Dead (Unknown)/ Dead (Weak in Fall)/ Feed/ Harvest/ Medicate/ Other/ Requeen/ Swarm/ Winterize*

Harvest: **Date:**
Product: *Extracted Honey/ Honey Rounds/ Pollen/ Propolis/ Wax*
Quantity: **Units of Measure:**
Description:

Inspections

Hive: **Date:**

Sighted: *Queen/ Eggs/ Capped Brood/ Uncapped*
Temper: *Calm/ Nervous/ Angry*   **Strength:**   %
Weight: **Frames of Bees:**
Supers in Place: **Supers Added:**
Nectar Flow: Y/N   **Hive Split:** Y/N

Hive Condition

Population: *Heavy/ Moderate/ Low*
Pollen: *High/ Average/ Low*
Honey Stores: *High/Average/ Low*
Queen Cells: *Yes/No*
Laying Pattern: *Excellent/ Fair/ Poor (Spotty)*
Pattern Odor: *Normal/ Foul/ Fermented*
Equipment Condition: *Good/ Fair/ Poor/ Damaged*
Hive Condition: *Brace Comb/ Excessive Propolis/ Dead Bees/ Moisture/ Mold*
Foundation Type: *Wired Wax/ Plastic Frames/ Drone Cell/Plasticell/ Natural*

Notes:

Weather

Conditions: *Clear/ Cloudy/ Drizzle/ Fair/ Fog/ Haze/ Icy/ Light Rain/ Mostly Cloudy/ Overcast/ Partly Cloudy/ Partly Rain/ Snow Showers/ Sunny/ Thunderstorms/ Windy*

Temperature: **Humidity:** %
Wind Speed: mph   **Wind Direction:**
Pressure: *rising/ falling/ steady*

Notes:

Diseases

American Foulbrood/ Chalkbrood/ European Foulbrood/ Nosema/ Tracheal Mites/ Small Hive Beetle (Light/Moderate/ Heavy) / Varroa Mites (Light/Moderate/Heavy)

Notes:

Treatments

Api-Life VAR/ Apistan/ CheckMite+/ Formic Acid/ Fumagilin-B/ Guard Star/ Hivastan/ MAQS/ Mite-A-Thol/ Terra-Pro/ Terramycin/ Tylan/ Small Hive Beetle Traps

Coumaphos Strips/ Soil Drench/ Powder Sugar Roll/ Drone Brood Removal/ Small Cell Comb/ Brood Comb Replacement/ Apivar/ Acetic Acid/ Hop Guard/ Apiguard/ Oxalic Acid

Other Comments:

Feedings

Api Go/ Ener-G-Plus/ Fresh Pollen/ HFCS-55/ Honey B Healthy/ MegaBee/ Mixed Sugar/ Vita Feed GOLD/ Vita Feed GREEN/ Pollen Patty/ Ultra Bee/ Feed Bee

Other Comments:

To-Do Items

Regular inspection date:
Inspect for weakness date:
Check queen laying pattern date:
Check queen cells date:
Check medications date:
Check feed date:

Regular inspection date:
Inspect for weakness date:
Check queen laying pattern date:
Check queen cells date:
Check medications date:
Check feed date:

Regular inspection date:
Inspect for weakness date:
Check queen laying pattern date:
Check queen cells date:
Check medications date:
Check feed date:

Regular inspection date:
Inspect for weakness date:
Check queen laying pattern date:
Check queen cells date:
Check medications date:
Check feed date:

Mark location of vital Queen Cells. Indicate areas filled by bees, nectar, honey and pollen.

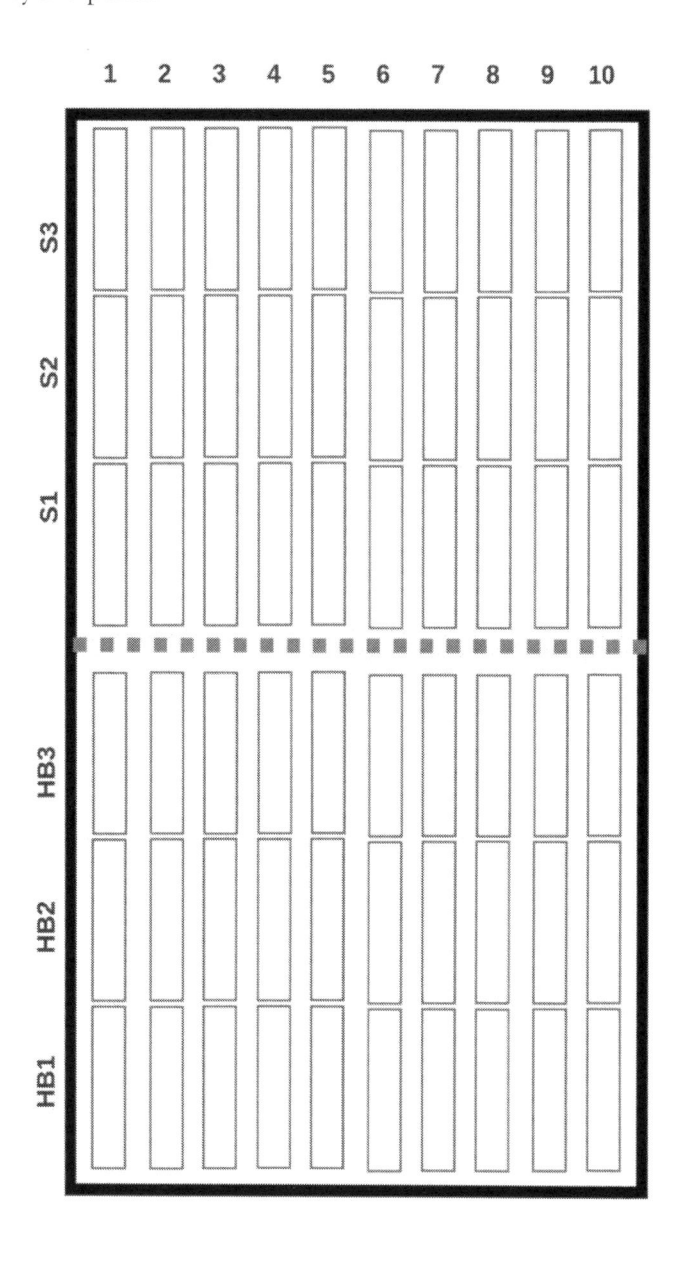

Other Notes:

Hive Name/Number:

Frame Count: **Date:**

GPS Lat: **Long:**

Hive Type: *8 frame/ Langstroth (10 frame)/ Nucleus Colony/ Top Bar*

Bee Source: *Acquired/Cut Out/Nuc/Package/ Split/ Superceeded/ Swarm/ Trap Out*

Sun Exposure: *Partial Shade/ Shade/ Sunny/ Unknown*

Queen Name/Number:
Date Installed: **Queen Accepted:** Y/N
Marked: Y/N   **Clipped:** Y/N

Breed: *Adami/Africanized/Apis mellifera mellifera/ Buckfast/ Buckfast hybrid/ Capensis/ Carniolan/ Caucasian/ Caucasian hybrid/ Cecropia/ Cordovan/ Feral/ German Black/ Italian/ Italian hybrid/ Local/ Macedonia/ Midnight/ Minnesota Hygienic/ New Minnesota Hygienics/ New World Carniolan/ New World Carniolan hybrid/ Russian/ Russian hybrid/ Scutellata/ SMR/ Starline/ Sunkist/ Unknown/ Varroa Sensitive Hygienic (VSH)/ Yugo*

Description:

Hive State: *Active/ Combined with Other Hive/ Dead (Bear)/ Dead (CCD)/ Dead (Cold)/ Dead (Laying Workers)/ Dead (Lost Queen)/ Dead (Mites)*

Hive Strength: *Very Strong/ Strong/ Moderate/ Weak/ Very Weak*

Description:

Event Date:
Event Type: *Dead (Bear)/ Dead (CCD)/ Dead (Cold)/ Dead (Laying Workers)/ Dead (Lost Queen)/ Dead (Mites)/ Dead (Nosema)/ Dead (Other)/ Dead (Pesticides)/ Dead (Poor Wintering Conditions)/ Dead (Robbing)/ Dead (Skunk)/ Dead (Small Hive Beetle)/ Dead (Starvation)/ Dead (Unknown)/ Dead (Weak in Fall)/ Feed/ Harvest/ Medicate/ Other/ Requeen/ Swarm/ Winterize*

Harvest: **Date:**
Product: *Extracted Honey/ Honey Rounds/ Pollen/ Propolis/ Wax*
Quantity: **Units of Measure:**
Description:

Inspections

Hive: **Date:**

Sighted: *Queen/ Eggs/ Capped Brood/ Uncapped*
Temper: *Calm/ Nervous/ Angry*   **Strength:**   %
Weight: **Frames of Bees:**
Supers in Place: **Supers Added:**
Nectar Flow: Y/N   **Hive Split:** Y/N

Hive Condition

Population: *Heavy/ Moderate/ Low*
Pollen: *High/ Average/ Low*
Honey Stores: *High/Average/ Low*
Queen Cells: *Yes/No*
Laying Pattern: *Excellent/ Fair/ Poor (Spotty)*
Pattern Odor: *Normal/ Foul/ Fermented*
Equipment Condition: *Good/ Fair/ Poor/ Damaged*
Hive Condition: *Brace Comb/ Excessive Propolis/ Dead Bees/ Moisture/ Mold*
Foundation Type: *Wired Wax/ Plastic Frames/ Drone Cell/Plasticell/ Natural*

Notes:

Weather

Conditions: *Clear/ Cloudy/ Drizzle/ Fair/ Fog/ Haze/ Icy/ Light Rain/ Mostly Cloudy/ Overcast/ Partly Cloudy/ Partly Rain/ Snow Showers/ Sunny/ Thunderstorms/ Windy*

Temperature: **Humidity:**   %
Wind Speed: mph   **Wind Direction:**
Pressure: *rising/ falling/ steady*

Notes:

Diseases

American Foulbrood/ Chalkbrood/ European Foulbrood/ Nosema/ Tracheal Mites/ Small Hive Beetle (Light/Moderate/ Heavy) / Varroa Mites (Light/Moderate/Heavy)

Notes:

Treatments

Api-Life VAR/ Apistan/ CheckMite+/ Formic Acid/ Fumagilin-B/ Guard Star/ Hivastan/ MAQS/ Mite-A-Thol/ Terra-Pro/ Terramycin/ Tylan/ Small Hive Beetle Traps

Coumaphos Strips/ Soil Drench/ Powder Sugar Roll/ Drone Brood Removal/ Small Cell Comb/ Brood Comb Replacement/ Apivar/ Acetic Acid/ Hop Guard/ Apiguard/ Oxalic Acid

Other Comments:

Feedings

Api Go/ Ener-G-Plus/ Fresh Pollen/ HFCS-55/ Honey B Healthy/ MegaBee/ Mixed Sugar/ Vita Feed GOLD/ Vita Feed GREEN/ Pollen Patty/ Ultra Bee/ Feed Bee

Other Comments:

To-Do Items

Regular inspection date:
Inspect for weakness date:
Check queen laying pattern date:
Check queen cells date:
Check medications date:
Check feed date:

Regular inspection date:
Inspect for weakness date:
Check queen laying pattern date:
Check queen cells date:
Check medications date:
Check feed date:

Regular inspection date:
Inspect for weakness date:
Check queen laying pattern date:
Check queen cells date:
Check medications date:
Check feed date:

Regular inspection date:
Inspect for weakness date:
Check queen laying pattern date:
Check queen cells date:
Check medications date:
Check feed date:

Mark location of vital Queen Cells. Indicate areas filled by bees, nectar, honey and pollen.

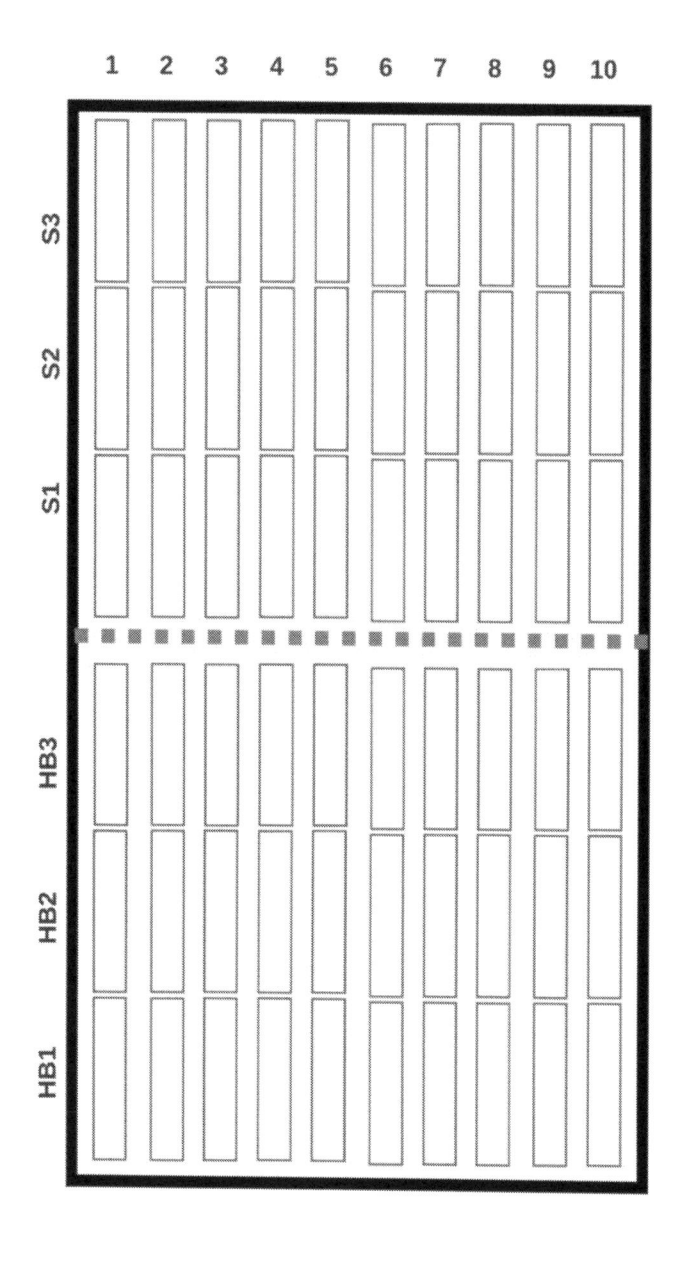

Other Notes:

Hive Name/Number:

Frame Count: **Date:**

GPS Lat: **Long:**

Hive Type: *8 frame/ Langstroth (10 frame)/ Nucleus Colony/ Top Bar*

Bee Source: *Acquired/Cut Out/Nuc/Package/ Split/ Superceeded/ Swarm/ Trap Out*

Sun Exposure: *Partial Shade/ Shade/ Sunny/ Unknown*

Queen Name/Number:
Date Installed: **Queen Accepted:** Y/N
Marked: Y/N   **Clipped:** Y/N

Breed: *Adami/Africanized/Apis mellifera mellifera/ Buckfast/ Buckfast hybrid/ Capensis/ Carniolan/ Caucasian/ Caucasian hybrid/ Cecropia/ Cordovan/ Feral/ German Black/ Italian/ Italian hybrid/ Local/ Macedonia/ Midnight/ Minnesota Hygienic/ New Minnesota Hygenics/ New World Carniolan/ New World Carniolan hybrid/ Russian/ Russian hybrid/ Scutellata/ SMR/ Starline/ Sunkist/ Unknown/ Varroa Sensitive Hygienic (VSH)/ Yugo*

Description:

Hive State: *Active/ Combined with Other Hive/ Dead (Bear)/ Dead (CCD)/ Dead (Cold)/ Dead (Laying Workers)/ Dead (Lost Queen)/ Dead (Mites)*

Hive Strength: *Very Strong/ Strong/ Moderate/ Weak/ Very Weak*

Description:

Event Date:
Event Type: *Dead (Bear)/ Dead (CCD)/ Dead (Cold)/ Dead (Laying Workers)/ Dead (Lost Queen)/ Dead (Mites)/ Dead (Nosema)/ Dead (Other)/ Dead (Pesticides)/ Dead (Poor Wintering Conditions)/ Dead (Robbing)/ Dead (Skunk)/ Dead (Small Hive Beetle)/ Dead (Starvation)/ Dead (Unknown)/ Dead (Weak in Fall)/ Feed/ Harvest/ Medicate/ Other/ Requeen/ Swarm/ Winterize*

Harvest: **Date:**
Product: *Extracted Honey/ Honey Rounds/ Pollen/ Propolis/ Wax*
Quantity: **Units of Measure:**
Description:

Inspections

Hive: Date:

Sighted: *Queen/ Eggs/ Capped Brood/ Uncapped*
Temper: *Calm/ Nervous/ Angry*   **Strength:**   %
Weight: **Frames of Bees:**
Supers in Place: **Supers Added:**
Nectar Flow: Y/N   **Hive Split:** Y/N

Hive Condition

Population: *Heavy/ Moderate/ Low*
Pollen: *High/ Average/ Low*
Honey Stores: *High/Average/ Low*
Queen Cells: *Yes/No*
Laying Pattern: *Excellent/ Fair/ Poor (Spotty)*
Pattern Odor: *Normal/ Foul/ Fermented*
Equipment Condition: *Good/ Fair/ Poor/ Damaged*
Hive Condition: *Brace Comb/ Excessive Propolis/ Dead Bees/ Moisture/ Mold*
Foundation Type: *Wired Wax/ Plastic Frames/ Drone Cell/Plasticell/ Natural*

Notes:

Weather

Conditions: *Clear/ Cloudy/ Drizzle/ Fair/ Fog/ Haze/ Icy/ Light Rain/ Mostly Cloudy/ Overcast/ Partly Cloudy/ Partly Rain/ Snow Showers/ Sunny/ Thunderstorms/ Windy*

Temperature: **Humidity:**   %
Wind Speed: mph   **Wind Direction:**
Pressure: *rising/ falling/ steady*

Notes:

Diseases

American Foulbrood/ Chalkbrood/ European Foulbrood/ Nosema/ Tracheal Mites/ Small Hive Beetle (Light/Moderate/ Heavy) / Varroa Mites (Light/Moderate/Heavy)

Notes:

Treatments

Api-Life VAR/ Apistan/ CheckMite+/ Formic Acid/ Fumagilin-B/ Guard Star/ Hivastan/ MAQS/ Mite-A-Thol/ Terra-Pro/ Terramycin/ Tylan/ Small Hive Beetle Traps

Coumaphos Strips/ Soil Drench/ Powder Sugar Roll/ Drone Brood Removal/ Small Cell Comb/ Brood Comb Replacement/ Apivar/ Acetic Acid/ Hop Guard/ Apiguard/ Oxalic Acid

Other Comments:

Feedings

Api Go/ Ener-G-Plus/ Fresh Pollen/ HFCS-55/ Honey B Healthy/ MegaBee/ Mixed Sugar/ Vita Feed GOLD/ Vita Feed GREEN/ Pollen Patty/ Ultra Bee/ Feed Bee

Other Comments:

To-Do Items

Regular inspection date:
Inspect for weakness date:
Check queen laying pattern date:
Check queen cells date:
Check medications date:
Check feed date:

Regular inspection date:
Inspect for weakness date:
Check queen laying pattern date:
Check queen cells date:
Check medications date:
Check feed date:

Regular inspection date:
Inspect for weakness date:
Check queen laying pattern date:
Check queen cells date:
Check medications date:
Check feed date:

Regular inspection date:
Inspect for weakness date:
Check queen laying pattern date:
Check queen cells date:
Check medications date:
Check feed date:

Mark location of vital Queen Cells. Indicate areas filled by bees, nectar, honey and pollen.

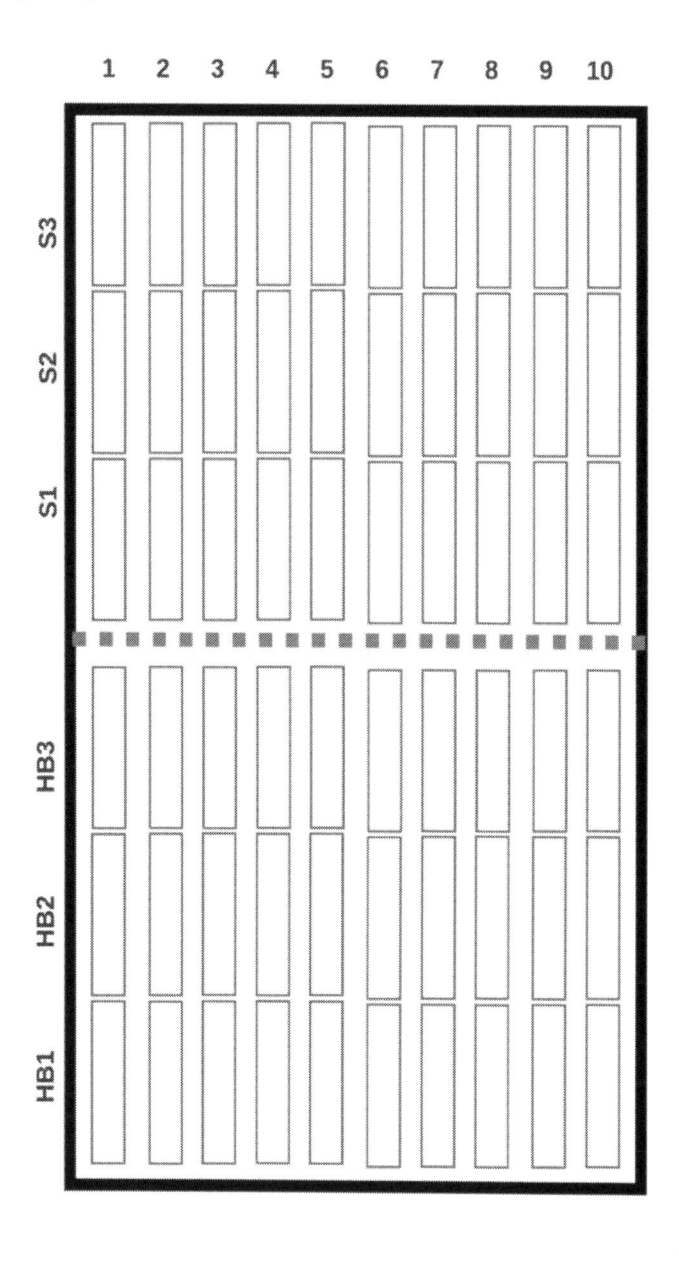

Other Notes:

Manufactured by Amazon.ca
Bolton, ON